어쩌다 환경인

어쩌다 환경인

평범한 13인의 지속가능한 삶 이야기

초 판 1쇄 2025년 03월 22일

지은이 고대현, 뀨, 김수연, 김신연, 박경화, 손미희, 신영숙, 심정은, 이옥환, 임영주, 잔디,
장창영, 최연이
펴낸이 류종렬

펴낸곳 미다스북스
본부장 임종익
편집장 이다경, 김가영
디자인 윤가희, 임인영
책임진행 김은진, 이예나, 김요섭, 안채원, 장민주

등록 2001년 3월 21일 제2001-000040호
주소 서울시 마포구 양화로 133 서교타워 711호
전화 02) 322-7802~3
팩스 02) 6007-1845
블로그 http://blog.naver.com/midasbooks
전자주소 midasbooks@hanmail.net
페이스북 https://www.facebook.com/midasbooks425
인스타그램 https://www.instagram.com/midasbooks

ISBN 979-11-7355-158-1 03330

값 19,500원

미다스북스는 다음세대에게 필요한 지혜와 교양을 생각합니다.

어쩌다 환경인

평범한 13인의
지속가능한 삶 이야기

고대현 | 뀨 | 김수연 | 김신연 | 박경화 | 손미희 | 신영숙
심정은 | 이옥환 | 임영주 | 잔디 | 장창영 | 최연이

미다스북스

한때 특별한 히어로나 선구자들이 어디선가 나타나 지구를 위기에서 구할 것이라고 믿었던 때가 있었습니다. 환경교육을 공부했던 저조차 요즘 겪고 있는 일들이 나와는 먼 후의 미래, 다음 세대의 일이라고 생각했습니다.

지구를 구해줄 그 누군가를 느긋하게 기다리는 동안 기후위기는 빠르게 다가왔습니다. 어느 순간 정신을 차려보니 이상기후가 일상이 되어버린 날들을 살고 있더군요. 모든 일이 예상보다 빠르게 일어나 겁이 날 정도였습니다.

기후변화는 바꿀 수 없는 거대한 흐름이며 이젠 대응이 아닌 적응이 더 필요하다고 말합니다. 지금까지의 여름 중 가장 더운 올해의 여름이 앞으로의 여름 중 가장 시원한 여름일 거란 말에 숨 막히게 무더웠던 올 여름을 보내는 마음이 아쉽기만 합니다.

기후위기는 묵묵히 환경교육을 해왔던 사람들을 바쁘게 만들었습니다. 매년 더 바빠지기만 했습니다. 그러던 어느 날, 문득 주변을 돌아보니 함께하는 사람들이 참 다양해졌다는 걸 발견하게 되었습니다. 덕분에 생각하게 되었습니다. 기후위기에서 지구를 구할 누군가가 꼭 특별할 필요는 없다고 말입니다.

지속가능한 사회든 생태전환을 위한 시스템이든 결국 한 사람 한 사람으로부터 시작됩니다. 작은 개인이 커다란 지구의 위기를 쉽게 바꿀 수는 없지만, 지금 내가 있는 자리에서 지구가 아닌 나와 내가 사랑하는 사람들의 미래를 위한 작은 변화는 당장 시작할 수 있습니다.

생각보다 심각하고 빠르게 다가오는 기후위기를 마주한 우리는 각자의 위치와 관심 분야에서 무엇이든 시작해야만 합니다. 현재의 삶을 유지하고 싶다면, 사랑하는 사람과의 지속가능한 미래를 꿈꾼다면 말이죠.

그래서 모아보았습니다. 특별할 것 하나 없는 아주 평범한 사람들의 이야기를요. 어쩌다 환경에 눈을 뜨고, 지나고 보니 환경인으로 살아갈 수밖에 없었던 평범한 사람들의 작은 이야기가 우리 모두 특별한 주인공이 될 수 있다고 속삭입니다.

우리의 미래는 지금 우리 한 사람 한 사람이 하는 모든 일들이 모여 만들어집니다. 모든 이가 자기 삶 속에서 평범하게 시작하는 지속가능성, 그것이 우리의 미래를 바꾸는 특별한 이야기의 시작일 거라고 믿습니다.

지금 이 글을 읽고 있는 여러분이 마지막 챕터의 저자가 되고, 자신의 미래를 위해서 한 번 더 생각하고 행동하는 지속가능한 삶을 사는 시작점을 만들면 좋겠습니다.

여기, 어쩌다 환경에 뛰어든 평범한 사람들이 있습니다. 당신도 지금 함께하시겠습니까?

2025년 새봄, 공동저자 대표 심정은

차 례

※ 이 책의 저자로 당신을 초대합니다.

이 책은 환경인으로 살아가게 된 사람들의 이야기를 옴니버스식으로 담았습니다.

꼭지별 앞장

각 이야기의 제목과 저자를 대표하는 이미지와 키워드가 실려있습니다.

본문 시작 전 인터뷰 4문 4답

한 분야의 전문가로서 지속가능한 삶을 엿볼 수 있습니다.

| Q. 어떤 계기로 환경인이 되셨나요? | Q. 주로 어떤 일을 하시나요? | Q. 지속가능한 미래에 어떻게 기여하고 있나요? | Q. 나의 지속가능한 삶을 한마디로 이야기하자면? |

본문

아주 평범했던 사람들이 환경인이 되어가는 여정을 담았습니다.

꼭지별 끝자락

저자의 삶과 관련된, 지속가능한 미래를 위한 직업군을 소개하였습니다. 또한 비슷한 계열의 직군에 종사하는 일반적인 직업인이 지속가능한 미래에 기여할 수 있는 방법을 함께 담았습니다.

지속가능성을 위한 제안서를 통해 각 직업인이 환경적으로 살아갈 수 있는 방법을 함께 고민해보시길 바랍니다.

질문하면
길이 된다

#환경 #생태 #지속가능 #탐조 #환경교구

#생태감수성 #SDGs #우리동네 #미래세대

#자연교육가 #스스로질문 #공동체

에코샵홀씨㈜ 공동대표
고대현

Q. 어떤 계기로 환경인이 되셨나요?

A. 제주도가 고향입니다. 내가 살고 있는 곳의 아름다움은 그냥 당연한 줄 알았습니다. 중학교 3학년부터 환경오염 사건(낙동강 페놀 유출 사건, 제주도 화산석 송이 반출)에 대해 알게 되었고, 환경을 지키고 살리는 역할에 대해 질문을 하게 되었습니다. 30여 년 동안 어떻게 하면 지구와 인류공동체, 뭇 생명과 더불어 살아갈 수 있을지 질문하고, 길을 찾고 있습니다.

Q. 주로 어떤 일을 하시나요?

A. 환경을 살리는 수많은 질문에 대한 답은 한 가지가 아니었습니다. 그러다 보니, 여러 일들을 해왔고, 지금은 생태, 환경교육 교구를 기획하고 제작하는 에코샵홀씨㈜라는 회사를 운영하고 있습니다. 오랫동안 생태 환경 분야에서 종사해 왔고, 여러 공공기관과 NGO단체에서 다양한 자문 요청을 받곤 합니다. 이에 함께 고민하고 답하는 것이 저의 역할입니다. 개인적으로는 새를 관찰하는 프로그램을 이끄는 교육 활동도 하고 있습니다. 더불어 제가 살고 있는 곳에서 시민과 청소년들에게 탐조의 재미와 의미를 알리는 나눔 활동을 하고 있습니다.

Q. 지속가능성에 어떻게 기여하고 있나요?

A. 생태환경교육 분야에서 역할을 하는 지금, 지속가능한 미래를 위해 지구적으로 생각하고 지역적으로 실천하는 삶을 살아가고자 합니다. 생태감수성, 환경 인식 증진, 협업 활동, 지역공동체 연결 등의 활동을 통해 지속가능한 우리 동네로 시작해 보고 있습니다. 다양한 생명에 대한 이해를 돕는 활동은 사람만이 아닌 뭇 생명의 가치를 되돌아보게 합니다. 이웃이 되고 벗이 될 수 있는 경험이 됩니다. 환경교육 교구를 기획하고 제작, 보급하는 일은 너무 바쁜 시대가 되어버린 작금의 환경에 대한 문제를 여러모로 이해하고 고민하고 실천을 이끌 수 있는 매개가 될 수 있습니다. 그리고 그러한 역할을 하는 교육기관, 공공기관 또는 단체의 활동을 효과적으로 지원할 수 있습니다. 아울러, 내가 사는 동네에서의 나눔 활동은 더불어 사는 공동체와 각자의 역량을 나눔으로써 조금 더 지속가능한 사회를 만드는 데 도움이 될 것입니다.

Q. 나의 지속가능한 삶을 한마디로?

A. 질문하고 실천하고 함께한다.

고대현

나는 제주 섬 소년이다. 지금은 섬에서보다 육지에 산 시간이 더 길다. 여전히 나는 섬 소년이길 바란다. 어린 시절 뉴스에서 나오는 환경오염 사건은 나에게 오염에 대한 원인과 피해에 대해 궁금하게 만들었다. 그 궁금함은 제주도 안에서도 꽤나 많은 환경오염 사건이 있다는 것을 알게 했다.

내가 놀던 오름(기생화산)이 어느 날 사라져 버렸다. 왜? 제주 화산석인 송이를 조경용으로 사용하기 위해 골재 채취 명목으로 싹 가져가 버린 것이다. 육지에서도 골재 사용을 위해 여러 산이 사라진다.

무엇이 꼭 필요한 것인가라는 질문을 안고, 고등학교 진학 후 이를 해결하는 사람이 되고 싶어졌다. 담임 선생님을 붙잡고 환경을 살릴 수 있는 공부를 하려면 어떻게 해야 하는지 물었다. 그 당시 나의 정보력으로는 나름의 답을 찾는 게 어려웠다. 일주일간 고민하시던 담임 선생님은 서울에 가면 '환경공학과'가 있는데, 이곳에서는 환경을 살리는 공부를 한다고 하셨다. 정말 순진했었다. 3년 고등학교 시절의 꿈은 환경공학과에 가는 것이었다.

단순 목표지향적인 공부로 다행히 섬 소년이 서울에 있는 학교의 환경공학과에 가게 되었고, 여러 공부를 할 수 있게 되었다. 그러나, 공부하면 할수록 환경을 지키는 공부가 맞는지 스스로에게 답을 줄 수 없었다. 공학과라는 특성이 발목을 잡았다. 문제가 생긴 것을 해결하는 역할로 기술을 연구하고 적용하는 것은 중요했다. 기술적으로는 나름의 답이었다. 다만, 궁극적으로 지구나 동네를 건강하게 만드는 것과는 다른 개념이었다.

'무엇을 더 공부하고 실천해야 의미 있는 삶이 될 수 있을까?'

질문을 하게 되었다. 신기하게도 질문은 정답보다는 길을 알려주었다. 전국에 몇 개 없는 야생조류연구회라는 모임 활동을 하게 되었다. 적극적으로 하다 보니 학내 중앙동아리도 만들고, 제주도 겨울철새 도래조사도 직접 제안, 운영하게 되었다. 지금까지 새를 관찰하고 교육하는 역할을 하고 있다. 여전히 후배들이 매년 제주도 겨울 철새 도래 조사를 하고 있다. 25년, 25회가 넘었다니 실감 나지 않는다. 감사하다.

질문에 질문이 10가지 길이 되다

나의 첫 사회 활동(회사)은 환경영향평가를 하는 전문기술 기업이었다. 대부분 해양과 항만 환경영향평가를 했고, 가끔 하천 관련된 기술 보고서를 작성하고 제출했다. 환경영향평가는 빛 좋은 개살구처럼 나의 마음을 힘들게 했다. 나름 기술로 해결책을 마련하는 역할이지만, 나에게는 답이라고 얘기할 수 없었다. 보고서를 열심히 썼지만, 개발

고대현

은 계속되었다. 그래서 진짜 엔지니어가 되어보자고 결심했고, 국내 몇 손가락 안에 드는 환경 기술 전문 ○○엔지니어링이라는 회사에 취직했다. 그곳에서 여러 환경공학 기술들을 배웠다. 이를 활용하여 환경시설을 설계하고, 시공하고 기계들을 시험 운전하면서 운영할 수 있게 했다. 퇴직 전 경기도 한 도시의 분뇨처리장을 만드는 역할을 하고 나왔다. 역시나 기술은 한계가 있다는 판단을 현장에서 경험함으로써 확신하게 되었다. 다시는 이 분야에서 역할을 하지 않겠다고 결심했다. 그래서 문제를 해결하는 길이 아닌 미리 예방하는 길을 찾은 것이 지금의 생태환경교육 분야이다. 여러 우여곡절이었던 시간이었다.

'생태감수성이 있어야 미리 예방이 되지 않을까?'

하는 질문과 답이 궁금해졌다. 경기도의 작은 야생화수목원 프로그램 운영총괄로 들어가 여러 해 동안 일을 해보았다. 기업조직의 지속가능성을 위해 숲에 대한 이해를 기반으로 한 조직역량을 높이는 프로그램을 만드는 연구소에서도 일해보았다. 숲 생태에 대한 이해를 바탕으로 시민의 생태감수성을 높이는 역할을 하는 강사(활동가)를 지원하는 시민단체를 운영해 보기도 했다. 민간단체 위탁으로는 처음으로 200억이나 되는 비용을 들여 만든, 환경교육을 위한 전시, 교육시설에서 전시교육팀장으로 A부터 Z까지 하나하나 새롭게 만들며 자리 잡은 경험도 했다. 지역 공동체의 환경 지속가능성을 위한 연구소에서 다양한 생태환경교육프로그램을 개발하고 운영하는 역할을 하

질문하면 길이 된다

기도 했다. 내가 사는 동네의 지속가능성을 위한 거버넌스 기구인 단체에서 행정, 의회, 기업, 시민의 중간 다리 역할도 해보았다. 녹색성장을 넘어 기후위기 대응을 위한 전시 교육시설에서 운영팀장으로 다양한 전시와 에너지 효율적인 건물관리 등을 경험해 보았다. 누군가 가보지 않은 모든 경험이 나에게는 큰 자산이다.

내 나이에, 환경에 대한 10가지 역할을 해보았다고 하면, 정말 다사다난하고 열정이 넘친다고 얘기한다. 나는 고민했고 질문했고 너무나 부족했다. 그저 한 자리에서 역할을 한다고 내가 다른 분야로 갈 것은 아니었지만, 조금 더 지속가능하고 가치 있는 일을 하고자 했다. 아이들에게 부끄럽지 않은 아빠이자 남편이자 시민이고자 했다. 아직도 여전한 마음이다.

현재는 생태환경교육 교구 개발 전문기업의 공동대표로 역할하고 있다. 10여 명의 직원들과 함께, 국내의 수많은 공공기관, NGO 환경단체, 생태교육 단체들에 교육교구 및 프로그램 운영 등에 대한 콘텐츠를 제공하는 중이다.

질문의 종착점은 나에게 있다

아직도 나는 질문한다. 내가 바른 역할로 살고 있는가? 최근에 나는 동네에서 도시 숲 시민모임을 만들어 각자의 역량을 나누는 생태환경

고대현

공동체를 꿈꾸고 있다. 청소년에게도 동네의 바른 생태환경 이해를 위한 탐조 교육을 하고 있다. 앞으로 더 나아가기 위한 스스로 공부도 준비 중이다. 나름 오랜 시간 스스로에게 질문하면서 답을 찾아온 시간이었고, 앞으로도 그럴 것이다. 나는 잘 살고 있는가?

고대현

생태환경교육·교구를 만드는 회사 대표이다. 조류 관찰 방법을 알려주는 탐조교육가이다. 20여 년 동안 10가지 생태환경에 대한 다양한 질문과 경험으로 생태, 환경교육 관련된 자문과 심사를 자주 하고 있다. 여러 비영리단체를 후원하고, 운영위원, 자문위원, 실행위원, 활동 회원 등 다양한 역할도 수행 중이다. 지금은 질문의 장소를 동네와 자기 내면에 두고 있다.

생태환경교육·교구를 개발하는 사회적 기업가는

생태환경교육·교구를 개발하는 사회적 기업가는 지속가능한 생태환경 교육을 위한 다양한 교구 및 자료를 개발하고 제공하는 사업을 운영하는 사람입니다. 이들은 교육기관, 학교, 커뮤니티 센터 등에서 사용될 수 있는 생태환경 관련 교구를 설계하고, 교육 프로그램을 개발하여 학생과 일반인에게 환경 의식을 고취하는 역할을 합니다.

생태환경교육·교구 관련 기업가를 위한 준비 과정

관련 전공 학습

환경교육, 교육학, 사회적 기업 경영, 생물학, 산림학, 조경학, 디자인 등 관련 분야에서 학위나 자격증을 취득합니다.

현장 경험

생태환경교육 및 교육·교구 개발의 경험을 쌓기 위해 관련 인턴십이나 자원봉사 활동을 통해 실제 사례를 학습하고 체득합니다.

사업 계획 작성

사회적 기업을 운영하기 위한 사업 계획서를 작성하고, 지속가능한 발전 목표(SDGs)와 연계된 모델을 설계합니다.

자금 조달

사회적 기업에 필요한 자금을 확보하기 위해 정부 보조금, 기부, 크라우드 펀딩 등 다양한 방법을 활용합니다. 일정 금액을 스스로 준비하는 것이 좋습니다.

고대현

🌱 생태환경교육·교구 기업 전문가로 성장하려면

지속적인 교육

관련 분야의 최신 동향이나 기술을 배우기 위해 세미나, 워크숍, 전문과정에 참여하며 전문지식을 지속해서 쌓습니다.

네트워킹

생태환경교육 및 사회적 기업 관련 네트워크를 구축하여, 경험이 많은 전문가와 교류하고 협력의 기회를 찾습니다.

프로그램 피드백

개발한 생태환경교육·교구와 프로그램에 대한 피드백을 정기적으로 수집하고, 이를 기반으로 지속해서 개선합니다.

사례 연구

성공적인 사회적 기업의 사례를 연구하여 혁신적인 아이디어와 방법을 자신의 사업에 녹여냅니다.

🌱 평범한 기업인의 지구하기

평범한 기업인이 지속가능성을 염두에 두고 사업을 운영하기 위해서는 환경과 사회, 경제에 대한 책임을 다하고, 모든 이해관계자와의 협력을 통해 긍정적인 영향을 미치는 방향으로 나아가야 합니다. 이를 통해 기업이 지속가능성을 실현하고 성공적인 사회적 기업으로 발전하는 기반을 마련할 수 있습니다.

질문하면 길이 된다

비전 설정

환경과 사회, 경제에 긍정적인 영향을 미치는 명확한 비전을 설정하고, 이를 기업의 미션으로 삼습니다.

지속가능한 모델 구축

자원봉사, 환경친화적인 원자재 사용, 친환경 포장 등 지속가능한 공급망을 구축하여 사업 운영 방식에서부터 환경을 고려합니다.

사회적 책임 실천

지역사회와 협력하여 공익 프로젝트에 참여하고, 사회적 이익을 고려하여 사업 운영을 결정합니다.

투명한 소통

고객, 직원, 투자자와의 지속적인 소통을 통해 기업의 지속가능한 운영 전략과 성과를 공유하고, 신뢰를 구축합니다.

지속가능성을 위한 제안서

고대현

환경으로
두런두런

(Do Run Do Learn)

#공정여행 #생태관광 #역마살 #관광벤처기업 #국내여행가이드

#국외연수인솔 #관광통역 #사람좋아 #마을여행 #자연매력

#지구사랑 #식도락 #ESG #같이가치 #생명존중

공정여행 CEO

뀨

Q. 어떤 계기로 환경인이 되셨나요?

A. 빌딩 숲보다 자연 숲속을 좋아하는 저는 지구에서 오래도록 뛰놀고 싶은 마음에 환경을 보호하고, 보존하고, 보전하기 위해 애쓰게 되었습니다. 뭐든 마구잡이식으로 쓰고 버려지기보다 한 번이라도 더 생각하고, 두 번 더 아끼는 마음가짐과 행동으로 생활하며 몸은 다소 불편할지언정 마음은 한결 편안해지는 삶을 살아가는 중입니다.

Q. 주로 어떤 일을 하시나요?

A. 공정여행을 기획 및 운영하는 관광인으로 관광 관련 공공기관 용역사업과 한국 관광 품질인증 평가 수행할 때 지속가능한 관광에 주안점을 두며 사람과 지역 그리고 지구 모두가 건강한 여행환경 속에서 공존할 수 있도록 지원합니다. '지구적으로 생각하고, 지역적으로 행동하라'는 말처럼 기후위기에 사는 우리들이 환경의, 환경에 의한, 환경을 위한 공정여행으로 환경 보존과 보전 그리고 보호에 동참하길 희망하며 활동하고 있습니다.

Q. 지속가능성에 어떻게 기여하고 있나요?

A. 사람과 마을 그리고 자연을 좋아하여 일할 때 이들에 주안점을 두고 수행하곤 합니다. 공정여행 기획 운영 시 에너지 효율을 생각하고, 친환경 숙소를 선택하며 지역민을 활용하고자 노력합니다. 특히 가치 있는 생태관광과 중요한 환경교육의 전달 방식에 대해 고민합니다.
참가자들에게 쉽게 다가갈 수 있는 접근성 좋은 프로그램을 구성하여 깊은 공감과 울림을 주고, 이를 널리 공유할 수 있도록 여운을 남깁니다.

Q. 나의 지속가능한 삶을 한마디로?

A. 자연에서 사람과 두런두런 이야기 나누며 Do Learn Do Run 여행 하는 인생

4대 보험 가입서에 잉크 마를 날 없이 변화무쌍했던 지난날이 오늘의 나를 만들었다. 좋고 싫음이 명확한 나는 학창 시절 좋아하는 과목의 성적은 늘 하늘을 날았고, 싫어하는 과목은 언제나 땅을 기었다. 번외로 예체능하는 학생을 바보라고 무시하는 선생님에게 일침을 가하고자 '100m 달리기 1등 하는 학생이 수학 전교 1등도 한다'를 몸소 보여주는 별난 아이였다. 산으로 들로 자연에서 뛰놀던 아이가 어른이 되어 사회에서도 잘 뛰놀 줄 알았는데 세상의 잣대에 맞춰 취업하다 보니 철새처럼 여기저기 날아다니기 바빴고 급기야 사직서를 던지고, 다음날 하와이행 비행기에 탑승 후 컷오프가 없는 풀코스 마라톤을 뛰기에 이르렀다.

도둑질도 해봐야 나쁜 짓임을 알 수 있듯 나란 사람은 다양한 경험을 통해 무늬만 직장인 코스프레하면 병이 생김을 깨달았다. 여행하며 만난 여러 사람들과 각양각색의 에피소드를 만들 때 가장 행복해하는 나를 발견했다. 해보고 싶은 건 꼭 해봐야 직성이 풀리는 성격을 탓할 수도 있었다. 덕분에 내가 가장 좋아하고, 또 잘하는 직업을 드디어 찾은 것이다.

부메랑이 되어 돌아오는 짐

여행짐은 여행에 짐이 되듯 우리가 환경에 버린 짐은 우리에게 되돌아올 것이다.

우리는 여행을 떠나기 전 설레는 마음을 안고 가방을 싼다. 이건 뭐할 때 필요하니 가져가고, 저건 혹시나 하는 마음에 넣다뺐다를 반복한다. 그러다 보면 짐가방은 어느새 사람 몸집만큼 한 짐이 되어버린다. 불안한 마음 때문에 챙겨간 짐들은 여행 출발과 동시에 여행자의 발걸음을 무겁게 만들고, 불필요한 체력을 소비하게 만들어 결국 기분까지 가라앉히는 위력을 선사한다. 이런 경험을 통해 짐가방을 최소화하여 다니는 자칭타칭 여행꾼인 나지만, 출장을 다녀와 짐을 정리하다 보면 숙소에서 사용하고 남은 어메니티(amenity)가 아까워 바리바리 싸 들고 오는 바람에 원치 않는 짐을 집에 들이기 시작했다.

나는 '상대가 원하지 않는 서비스는 낭비일 뿐이다'라고 생각하는 사람이었다. 그런데 우연히 샤워실 벽에 부착형 샴푸와 바디워시를 제공하는 숙소를 만났고, 그 숙소에서 환경보호를 위해 여러 가지 행하고 있음을 알게 되었다. 지금도 그 지역을 갈 때면 친환경을 실천하는 숙소를 일부러 찾아가곤 한다. 환경을 생각하는 기업 덕분에 여행 시 가벼운 몸과 마음이 주는 즐거움을 알게 되었고, 환경에 부담을 줄이는 일이 곧 사람의 부담을 더는 일이고 나아가 선한 영향력까지 행할 수 있음을 배웠다. 그동안 우리가 편의만 생각하여 흥청망청 여행했다면 이제는 환경을 생각하는 탄소제로 여행으로 우리 마음은 튼튼하게, 지구 환경은 탄탄하게 바꿔볼 차례이다.

금강산도 식후경? 여행은 식도락이다!

10년 전만 해도 '공정여행가입니다'라고 자기소개를 하면 '공정여행이 뭐예요?'라고 묻는 사람들이 대다수였지만 필(必)환경시대 요즘은 공정여행의 가치를 알고, 각자 저마다의 방식으로 공정여행을 하는 사람들이 조금씩 늘어나는 추세이다. 사람이 살아가는 데 꼭 필요한 3가지 기본 요소 '옷과 음식 그리고 집'이 있듯이 공정여행가가 실천할 필수 3가지 행동을 이야기함으로써 공정여행의 정의와 가치에 대해 알 수 있겠다.

공정여행가는 여행지에서 나고 자란 식재료로 만든 음식을 먹고(식), 여행지 고유의 역사와 문화를 존중하고 아끼며(도), 여행에서 경험한 즐거움을 여러 사람과 공유한다(락). 단순히 맛있는 음식을 먹고, 멋진 기념품을 구입하는 소비지향형 여행에서 벗어나 여행자와 주변 환경이 서로 긍정의 효과를 주고받는 가치지향형 여행을 통해 사람과 마을 그리고 지구촌 모두가 웃을 수 있다.

로마에 가면 로마법을 따라야 하듯이 나와 함께 해외로 연수 가는 사람들은 다소 비싸지만, 현지인이 운영하는 프로그램에 참여하고, 입에 맞지 않더라도 되도록 현지 음식을 맛보고, 지역특산품을 사러 시장에 가며 공정여행가가 되는 자격검정을 자의 반 타의 반 치르게 된다. 물론 진상 보존의 법칙에 따라 볼멘소리하는 사람이 늘 있어 어르고 달래느라 진땀을 빼기도 하지만 여럿이 식도락이든 도시락이든 같이 먹은 걸로 족하다, 그거면 충분하다.

환경에 대한 매너가 인간의 매력이 되다

연기할 때는 거침없이 선을 넘지만 주차할 때는 절대 선을 넘지 않는 반전 매력! 지킬 건 지키는 반전 매너! 내가 반해버린 공익광고 속 문구이다. 거울효과처럼 마치 나에 대해 말하고 있는 거 같아 쑥스럽고 웃음이 나온다. 인간 불도저, 겉바속촉, 정 많고 눈물은 더 많은 미친개. 내 별명에서 알 수 있듯이 난 모 아니면 도, 뭐 하나에 미치면 제대로 미쳐 사는 포유류이다. 이런 뭐 같은 성격 때문에 세상과 작용반작용을 밀당하듯 살지만, 다행히 별 탈 없이 환경에 적응하며 살고 있다.

내가 작년 가을 경기도 화성시 비봉습지에서 겪은 일이다. 생태관광에서 만난 초등학교 2학년 아이는 한창 곤충에 빠져 지내는 다른 또래처럼 잡은 여치를 집에 가져가려고 하길래 아이의 눈에 맞춰 얘기해 줬다.

"만약 네가 친구들과 잘 놀고 있는데 갑자기 모르는 곳으로 끌려가 혼자가 되면 어떨까?"

라고 물으니 씩씩거리며 떼를 쓰던 아이는 잠시 생각하더니 여치를 원래 있던 곳에 놓아주었다. 어린아이도 이처럼 쉽고 간단한 자연의 이치를 깨치는데, 이를 알면서도 비매너로 환경을 대하는 어른들은 반성해야 한다. 공공장소에서 서로가 지키는 매너로 일상생활을 매력 있게 살아갈 수 있음을 우리는 알기에 안전한 지구여행을 위해 모두가 환경 매너를 지키며 매력 철철 넘치는 여행자가 되어보는 건 어떨까?

물 흐르듯 여기저기 돌고 돌아 세종대 관광경영학 석사학위 후 관광업으로 일하기 시작합니다. 문화체육관광부 제11회 관광벤처사업 공모전에 선정되어 관광컨설팅 업체를 운영 중이며 공공기관의 용역사업 평가위원과 국내외 연수 인솔자, 자연활동가로 바람을 타는 중입니다. 농림축산식품부 장관상, 서울시 표창장 등 멈추지 않는 호기심으로 다양한 분야에 도전은 계속됩니다.

공정여행 CEO 또는 가이드는

공정여행가는 여행객에게 지역의 문화, 환경, 그리고 지속가능한 관광의 가치를 전달하며, 지역사회와의 상호작용을 중요시하는 역할을 수행합니다. 이들은 여행 동안 지속가능한 실천을 촉진하고, 지역 주민의 권리를 존중하며, 관광이 지역사회에 긍정적인 영향을 미칠 수 있도록 돕습니다.

공정여행 CEO 또는 가이드를 위한 준비 과정

기본 교육

관광학, 환경학, 사회학 등 관련 분야에서의 학위 혹은 교육을 받고, 여행가이드 스킬에 대한 자격증을 취득합니다.

언어 능력

다양한 여행객과 소통하기 위해 최소한 두 개 이상의 언어를 유창하게 구사하면 좋습니다.

업계 경험

일반 여행 가이드로 경력을 쌓고, 다양한 여행 프로그램을 운영하여 실무 경험을 축적합니다.

지속가능성 교육

공정여행 및 지속가능한 관광에 대한 전문 교육과 워크숍에 참여합니다.

🌱 공정여행 전문가로 성장하려면

전문성 향상

다양한 문화, 생태계, 지역 이슈에 대한 지식을 깊게 하여 여행객에게 풍부한 정보를 제공합니다.

피드백 수용

여행 후 고객의 피드백을 수집하고 분석하여 서비스 개선에 반영합니다.

지속가능한 실천 홍보

손님들에게 지역사회와 환경을 존중하는 방법을 교육하고 실천하도록 유도하여 공정여행의 가치를 전파합니다.

네트워킹

다른 공정여행 전문가들과 연결하고 지식을 교류함으로써 더욱 깊이 있는 통찰력을 얻게 됩니다.

🌱 평범한 여행 가이드의 지구하기

평범한 여행 가이드에서 공정여행 가이드로의 전환은 지속가능한 여행의 중요성을 이해하고 지역사회와의 진정한 상호작용을 추구함으로써 가능해집니다. 이러한 노력은 공정여행 가이드로서의 전문성을 더욱 높이고, 지속가능한 관광을 지원하는 데 이바지할 수 있습니다.

지속가능한 관광에 대한 이해

지속가능한 여행의 중요성과 원칙을 학습하여 여행에서 자연과 문화에 대한 책임 있는 태도를 세웁니다.

지식 습득

지역의 역사, 문화, 생태계에 관한 연구를 통해 여행객에게 더 깊이 있는 설명을 제공할 수 있도록 합니다.

당사자와의 협력

지역 주민 및 커뮤니티와의 관계를 강화하고, 그들의 목소리를 여행에 반영하여 보다 진정한 경험을 제공합니다.

소통 기술 향상

고객과의 소통에서 공정여행의 중요성을 강조하고, 여행의 의미를 깊이 있게 전달할 수 있는 능력을 향상시킵니다.

지속가능성을 위한 제안서

그림 그리는
지구별 여행자

#환경 #식물세밀화 #지속가능 #멸종위기 #그림작가

#엄마 #지구사랑 #서식지외보전기관 #식물 #관찰자

#botanicalart #botanicalartists #botanicalillustration

#생물다양성 #생태감수성 #생태동화

일러스트레이터
김수연

Q. 어떤 계기로 환경인이 되셨나요?

A. 지나고 보면 모든 순간의 찰나들이 구슬처럼 하나하나 꿰어진 것 같아요. 아버지의 발령으로 아주 어린 시절 시골의 논과 밭 그리고 산속을 뛰어다니며 자랐어요. 친구들이 넘어져 다치면 누군가에게 배운 대로 어떤 잎을 따서 찧어 다친 곳에 붙이고 잎으로 덮어 고정하고, 유치원 가는 길에 강아지풀로 개구리를 잡고 잠자리를 잡으러 동네 밭을 다 후비고 다녔어요. 그게 불과 2년 정도의 기간인데 그 정서적 경험은 제 인생을 관통하는 하나의 질문이었어요. 지금 와서 생각하면 저의 관찰자로서의 시선은 그때 시작된 듯합니다. '왜?'와 '어떻게?'는 항상 따라다니는 궁금증이었어요.

그러다 보니 항상 주변을 관찰했고, 사람들의 무심한 행동 속에 벌어지는 다양한 환경에 대한 모습들이 눈에 들어왔습니다. 부당하다고 느껴졌습니다. 지구가 오직 사람의 것만은 아니니까요.

Q. 주로 어떤 일을 하시나요?

A. 저는 식물을 관찰하고 그림으로 기록하여 보존하고 알리는 botanical illustration 작업과 환경과 관련된 illustration 작업을 합니다. 서식지 외보전기관, 식물원, 생태원 등 환경과 관련된 기관들과 botanical illustration 작업을 하고, 다양한 연령대와 직업의 시민을 대상으로 식물

그림 그리는 지구별 여행자

과 환경에 관해 그림 강의를 합니다. 식물이 자라나는 모습을 담은 애니메이션의 식물 플랜트 디자인을 했으며 아이들을 대상으로 한 멸종위기 식물 동화책을 SNS에 연재하는 등 식물을 기록하고, 식물과 환경, 사람을 그림으로 엮어 친하게 만드는 것이 저의 작업입니다. 그리고 저는 작가인 동시에 두 아이와 함께하는 엄마입니다.

Q. 지속가능성에 어떻게 기여하고 있나요?

A. Botanical illustration이 다른 illustration과 다른 점은 그 의도가 과학적인 것에 있습니다. 사진기라는 도구가 있음에도 오늘날까지 이 식물 일러스트가 계속되고 있는 건 식물 예술가가 다양하게 관찰하고 표준이 되는 식물을 찾아 식물의 그 모든 독특한 세부 사항을 한 장의 그림으로 완성하여 식물 분류 및 생태학적 연구로서 그 식물종의 기록으로 사용하기 때문입니다. 이 그림들은 과학적 발견과 환경보전에 이바지하는 역할을 합니다. 또한 다양한 방법으로 식물과 환경에 관해 이야기하며 그림으로 사람과 자연을 연결함으로써 아이와 어른들 모두에게 생태적 경험과 친근함을 안내합니다. 관심이 확장되면 관계를 맺게 되고, 그 시선이 생태계로까지 나아가는 한 걸음이 될 수 있다고 생각합니다.

김수연

Q. 나의 지속가능한 삶을 한마디로?

A. 꼭 필요한가, 있어서 좋은가, 우리는 모두 지구별 여행자.

유년 시절 받은 엄마의 사랑처럼, 자연에 풍덩 빠져 마음껏 뛰놀며 받은 사랑의 기억은 고스란히 기억에 남아 내 마음 어딘가에 차곡차곡 쌓여있었다. 그 기억은 하나의 주춧돌처럼 단단하게 내 마음을 받쳐주고 있었다. 그때가 3~5세 무렵인데 나는 더 컸을 때보다 이 시기의 기억이 많다. 왜 그럴까? 생각해 본 적이 있는데 그때가 나도 인지하지 못했지만, 무척 행복했던 시기이고 많은 것이 형성된 시기인 것 같다.

학생 때는 비가 오면 우산을 접고 비를 맞아보고, 눈이 오면 신발을 벗고 눈을 밟아 봤다. 눈은 생각보다 포근했다. 인생에 큰 사건이 생겨 혼란스러웠던 어느 날 밤 가만히 바닥에 누워 하늘을 봤다. 투명하고 깜깜한 하늘이 덮쳐오며 나를 스노우볼처럼 감싸고 별들이 그 공간 넘어 가득 차 반짝이는 모습이 가슴에 들어왔다. '아…. 나는 우주 속에 살고 있구나. 지구라는 행성에 잠시 들어온 여행자구나.' 항상 자연은 나에게 위로가 되었다.

어른이 되는 과정에는, 내가 할 수 있는 한도 내에서 불편함으로 지킬 수 있는 작은 실천들이 궁금했다. 전기를 아끼거나 물을 꼭 잠그거나 물을 담아 쓰고 쓰레기를 안 만드는 일들이 어린 나는 작은 시작이라고 생각했다. 그렇게 자라 나는 선택적으로 운전 면허를 따지 않았다. '나라도 불편하면 지구사랑에 보탬이 될까?'하는 생각에서였다. 이제는 전기차도 나오고 했으니, 면허를 따보리라 고민한다. 아쉽게도 내가 가고 싶은 수목원, 생태원, 어디의 산 등은 대중교통을 이용해서 가기 힘든 곳들이 많다.

어릴 적부터 관찰하는 걸 좋아하고 그림 그리는 걸 좋아하고 항상 상상 속에 빠져있었던 나는 그렇게 자라나 애니메이터가 되었다.

그림으로 관찰하기

14년간 애니메이터로 시작해 애니메이션 PD로 극장판 작업을 막 끝냈을 무렵 그림이지만 다른 분야의 일로 전향하겠다는 계획을 세웠다.

그때 선택한 것이 Botanical illustration이다. 식물 그림과 애니메이션의 공통점이 있는데, 바로 '관찰'이다. 애니메이션은 스토리, 사람의 심리, 세상 모든 것들의 움직이는 모습, 그에 따른 반동, 타이밍을 관찰했다면 Botanical illustration은 식물의 과학적 접근과 사실적 기록으로, 그리는 사람의 관찰 시선과 표현의 의도가 거기에 있다. 그렇게 Botanical illustration을 공부하고 작업을 해온 지 다시 14년 정도 되었다. 기본적으로 Botanical illustration을 그릴 때는 먼저 대상 식물을 주제로 공부하고 도감을 꺼내 확인하고 자생지를 직접 가보고 그중에서도 표준의 모습에 부합하는가를 확인해 관찰할 식물을 택한다.

골랐으니 보고 그리면 끝일까? 이 식물의 전 생애와 한살이를 알기 위해 공부한 것과 맞는지 계속 관찰하며 기록하는 필드 스케치(관찰 일기) 작업을 한다.

백부자 생애 관찰

보통 한 식물의 한살이를 보는데 최소 1년이 걸린다. 자 이제 생애를 쉽게 볼 수 있는지 살펴볼까? 보는 과정이 험난하다. 어느 해에는 비가 많이 와 식물의 한 해 중 시기를 다 못 보고 놓치기도 하고, 관찰하던 식물이 사람에 의해 훼손당하여 1년의 그림 농사를 망치는 경우도 허다하다.

산속에서 식물을 찾아 헤매면 길을 잃기도 하는데, 길치인 나에게 산길은 치명적이었다. 보통 산길은 GPS로 식물을 표시하고 찾아가는데, 대부분 사람 다니는 길이 아니고 걷다 보면 낭떠러지나 이상한 곳으로 지도가 안내한다. 길치인데 용감하고 겁이 많다는 게 나의 치명적 단점이다.

김수연

필드 스케치

한 식물을 제대로 관찰하기 위해 얼마마다 식물을 보는 게 좋을지 묻는다면 나의 경험상 5일에 한 번은 보라고 권한다.

"자, 그럼 5일에 한 번 GPS를 켜고 저 길을 가볼까?"

물론 모든 작업이 이렇게 험난한 건 아니다. 식물학자와 작업을 하면 믿고 물을 곳이 생기고, 혹은 그분이 돌보는 식물이 운이 좋으면 건강하기까지 하다. 그러면 적절한 시기에 가서 편히 보기도 하고 학자분께서 자료를 주시기도 한다. 여기서 단점은 주시는 자료들이 그리기 위한 자료와는 동떨어진 부분이 있다는 것이다. 이것은 내가 3D 애니메이션의 식물 디자인 작업을 할 때도 마찬가지였는데, 어쩔 수 없는 부분이기도 하다.

또 때로는 씨앗부터 기르기도 한다. 그래서 기르는 식물이 많은데, 이 글을 쓰는 어제 그렇게 기르는 식물들이 있는 옥상에 불이 났다. 각지에서 모은 나무와 오랜 시간 관찰해 온, 7년 이상 기른 식물들의 많은 수가 타버렸고 이 또한 누군가 식물들 있는 곳에 무심코 담배를 던져서였다. 식물을 보러 산으로, 식물원으로 다니면 생각지 못한 모

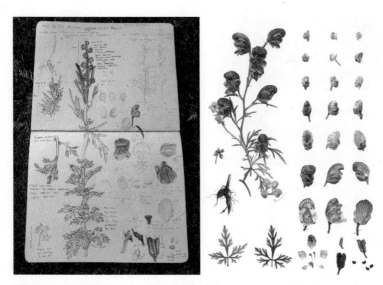

백부자 필드 스케치, 완성된 *Aconitum coreanum* (H.Lév.) Rapaics

습을 볼 때가 있다. 무심한 사람들의 행동인데, 예뻐서 사진을 잘 찍으려고 식물을 보호하기 위해 처져 있는 펜스를 치우거나 구도가 잘 안 나오는 방해되는 식물을 훼손하거나, 조명을 줘 예쁘게 찍기 위해 식물에 거울반사로 빛을 주기도 한다. 또, 이런 때도 있다. 백부자라는 멸종위기 식물은 떡잎 상태로 1년을 보낸다. 그리고 다음 해 완전하게 자라난다. 하지만 그 사실을 모르는 분들은 성체인 예쁜 백부자를 찍기 위해 그 백부자의 어린 새싹들을 자기도 모르는 사이 밟아 죽이곤 한다. 환경부와 서식지외보전기관인 신구대학교식물원과 협업으로 멸종위기 식물에 관한 작업을 했을 때 알게 된 멸종위기 식물들

김수연

대부분의 멸종원인은 사람의 이기심으로 인한 개발이나 채취, 그리고 기후변화 등이었다. 이 많은 과정의 관찰과 필드 스케치들은 한 장에 담겨 Botanical illustration으로 완성된다.

나는 사람들이 환경과 좀 더 가까워지기 위한 안내를 그림으로 하기로 했다. 과학적인 식물 그림도 그리지만 일러스트 작업도 하기에 환경 분야의 전문가, 환경에 관심을 가진 분들과 만나 다양한 방법으로 대중에게 다가갈 수 있었다.

식물이 자라나는 모습을 담은 애니메이션 〈꼬마 농부 라비〉의 Plant Design, 환경부와 서식지외보전기관인 신구대학교식물원과 협업으로, 멸종위기 식물에 관한 시민의 관심을 높이고자 다양한 멸종위기 식물에 대해 함께 관찰하며 그리는 강의를 하고, 그때의 그림들로 함께 전시했었다. 식물을 보전하고 길러내신 분들, 그리고 그것을 기록하는 작가이자 강사인 나 그리고 1년 동안 함께 관찰하고 배우며 그림으로 그려냈던 분들, 우리 모두에게 그 과정과 전시는 특별한 감동을 남긴 경험이었다. 수목원 전문가 과정을 공부하는 분들께 식물을 관찰하여 그림으로 기록하는 방법, 작가들과 협업하는 과정, 대중에게 다가갈 수 있는 문화 콘텐츠를 수업하기도 한다. 아이들을 대상으로 멸종위기 식물에 관한 동화책을 연재했고, 학생들과 가장 밀

단양쑥부쟁이는 우리나라 고유종이야.
4대강 사업으로 자생지에 가장 큰 피해를 입은
멸종위기 식물이지.
단양쑥부쟁이를 우리 함께 보호하자.

신구대학교식물원은 환경부가 지정한
서식지외보전기관입니다

'엄마와 함께 떠난 멸종위기식물 여행'

접한 선생님들을 대상으로 나의 작업을 알리고 세밀화를 지도하는 방법을 수업하였다. 수년간 발달장애 청년들과 생태 그림을 그렸으며 자연과 환경에 관한 다양한 일러스트 그림을 그려왔다.

식물, 환경, 사람을 그림으로 엮어 친하게 만드는 것이 나의 작업이다

나태주 시인의 「풀꽃」이라는 시가 있다.

"자세히 보아야 예쁘다.

오래 보아야 사랑스럽다.

너도 그렇다."

어린 왕자에게 장미와 여우가 특별해진 것도 서로를 알아가며 관계가 형성되었기 때문이다. 차 안에서 무심코 지나며 보는 배경 같은 길가의 나무와, 내가 세심하게 살펴보고 이야기를 알게 되고 물 주고 벌레 잡은 식물은 다르기 때문이다.

생태계는 연결되어 있으니, 식물을 보다 보면 곤충을 보고 기후를 보고 흙을 살피고 그들의 연결 고리가 꼬리에 꼬리를 물기를 소망한다. 관심은 상대를 알고 싶어지게 하고 확장되기 마련이다. 나는 사람들의 관심이 생물다양성으로 가기를 바란다.

지구는 혼자 사는 곳이 아니다. 우리는 인간종 혼자로는 살 수 없다.

우리는 모두 지구별 여행자

환경보호는 결국 일상이라고 생각한다. 가정에서 어릴 때부터 그런 행동들이 일상이 된다면? 내가 우리 두 아들과 그렇게 함께한다면 그 작은 일들이 당연시될 거로 생각한다. 우리 집 욕실에는 플라스틱 세제 통이 없다. 대신 다양한 비누들이 있다. 아이들이 어릴 때부터 플라스틱이 들어 있는 포장재의 과자는 사주지 않았고 대신 그 이유를 설명해 주었다. 아이들은 나갈 때 항상 현관 신발장에 준비된 장바구니를 들고 나가고, 외출 시 스테인리스 텀블러에 마실 것을 담아 가방에 챙긴다. 물건을 사기 전에 버리는 것에 대해 생각을 해보고 예쁜 쓰레기는 만나지 않으려 노력한다. 정말 필요 없고 예쁜 쓰레기가 될 것을 사고 싶다면 한 번은 지나가고 두 번째에 고려해 보기.

아무도 영원히 살지 않는다. 우리가 지구에 온 건 잠시 들른 여행이다. 우리는 여행이 끝나면 떠나갈 것이고 우리 뒤에 온 다른 여행자들에게 온전한 지구를 줘야 한다. 나는 내가 지구에 초대한 두 어린 아들에게 나만큼 지구의 사랑을 경험하며 살게 하고 싶다. 그리고 그들이 다른 여행자들에게 선한 영향력이 되기를 응원한다.

김수연

어린 시절 흙 파고 나무 타며 동네 밭과 산을 뛰어다니며 자랐어요. 그 추억이 힘이 되어 애니메이터이자 일러스트레이터로 시작했습니다. 지금은 어린 시절 가슴 가득 담았던 자연을 그림으로 기록하며 살고 있습니다.
instagram @sooyoun_k

✹ 생태환경 일러스트레이터는

생태환경 일러스트레이터는 자연, 생태계 및 환경 문제를 주제로 한 일러스트레이션을 생성하여, 교육, 출판, 광고 등 다양한 분야에서 환경 의식을 고양하고 생태 지식을 전달하는 역할을 합니다. 이들은 식물학의 측면에서 식물을 기록하고 보존하는 작업에 참여하며 생물의 다양성, 생태계의 복잡성 및 환경보전 메시지를 시각적으로 표현하여 대중과 소통합니다.

✹ 생태환경 일러스트레이터를 위한 준비 과정

기본 교육

예술, 디자인, 생물학 또는 환경과학 등의 관련 분야에서 학위 또는 교육을 받습니다. 이러한 배경지식은 생태계와 환경 문제를 이해하는 데 도움을 줍니다.

기술 연습

관찰과 드로잉, 페인팅, 디지털 일러스트레이션의 소프트웨어 기술을 연습하고 발전시킵니다. 다양한 매체와 스타일을 실험하여 개인적인 스타일을 개발합니다. 전통적인 Botanical illustration은 경험 많은 전문 작가의 지도 아래 수작업으로 이루어지는 경우가 대부분이지만, 디지털 일러스트 분야도 조금씩 시작되고 있습니다. 생태환경에 대한 다양한 그림 장르로서의 일러스트 또한 수작업과 디지털 작업을 병행하는 것이 좋습니다.

포트폴리오 제작

'컨셉이 명확한' 생태환경 관련 주제로 작업한 일러스트 및 프로젝트 샘플을 포함하는 포트폴리오를 만듭니다. 어떤 이야기를 부각하고 싶은지에 따라 포트폴리오의 컨셉도 나누어집니다. 그중 전문적인 식물학 그림을 그리기 위해서는 오랜 시간 공부하며 식물의 생애를 관찰하고 작가의 의도에 맞게 표현하는 테크닉을 길러 포트폴리오를 만들어야 합니다. 이를 통해 자신의 스타일과 전문성을 효과적으로 보여줄 수 있습니다.

네트워킹 및 경험

환경 관련 기관과 단체, 저널, 출판사와의 협력을 통해 실제 프로젝트에 참여하여 경험을 쌓습니다. 처음에는 단체에 소속되는 것이 이런 경험을 하기에 좋습니다. 일러스트레이터는 프리랜서이기에 자신의 작업을 알리는 것을 중요시해야 합니다.

🌱 생태환경 일러스트 전문가로 성장하려면

지속적인 학습

생태학과 환경 문제 등 자연의 다양한 정보와 이슈를 일러스트로 전달하기 위해 관련 서적과 전문 자료를 참고하고, 세심한 관찰과 정보 습득을 통해 지속적으로 학습합니다.

전문가와의 교류

생태환경 분야의 전문가 국내외 식물학을 그리는 단체들과 교류하며 네트워킹을 통해 경험과 자원을 공유하고 자극을 받습니다.

김수연

전시 및 프로젝트

자기 작품을 전시하고 다양한 방법으로 협업하며 함께 프로젝트를 만들고 대중과 소통하여 더 많은 사람에게 자신의 메시지를 전달할 기회를 만듭니다. 함께 프로젝트를 했던 사람들과의 신의도 중요합니다. 일러스트레이터는 자칫 자유로워 보일 수도 있지만 자신을 스스로 발전시키며 소통이 원활해야 하고 일정을 관리할 줄 알아야 합니다.

개인 프로젝트

관심 있는 환경 주제를 선택하여 개인 프로젝트를 진행하고, 이를 통해 실험 및 자기표현의 기회를 얻습니다. 이러한 프로젝트는 포트폴리오 일부로도 활용됩니다.

평범한 일러스트레이터의 지구하기

지속 가능한 방식으로 작업하기 위해서는, 생물다양성에 대한 깊은 고민과 조심스러움 그리고 인내가 필요합니다. 작업 제작 과정에서의 자원 절약과 환경적 영향에 대한 인식을 높이며, 자신의 예술적 표현으로 긍정적인 변화를 끌어낼 방법을 지속해서 모색해야 합니다. 이로써 우리의 작업은 단순한 예술을 넘어 사회적 책임을 다할 수 있는 가치 있는 창작물이 될 수 있습니다.

친환경 소재 사용

물감, 종이, 수작업 그림 재료들과 디지털 기기 등 친환경적이고 재활용할 수 있는 재료 또는 도구를 사용하는 것이 중요합니다. 생태적 영향을 최소화하기 위해 비독성 재료를 선택한다거나 미술 재료의 선택과 관리에도 신경 씁니다.

디지털 방식 활용

물리적인 재료 사용을 줄이기 위해 디지털 일러스트레이션 소프트웨어를 활용하여 출력 과정을 단축하고, 자원 낭비를 줄입니다.

주제 선택

환경보전, 생태계 보호, 지속가능성을 주제로 한 작품을 통해 메시지를 전달하며, 대중에게 환경과 생태계에 대한 애정과 중요성을 일깨우는 작업을 지향합니다.

지속 가능한 작업 환경 조성

식물학적인 그림을 그릴 시 식물분해에 관해 신중함을 기하며 세심한 관찰과 기록으로 식물 훼손을 최소화합니다. 작업 공간을 지속 가능한 방식으로 꾸미고, 에너지를 절약할 방법을 모색하여 자원 관리에 이바지합니다.

지속가능성을 위한 제안서

김수연

환경교육자로
걷다

#교사 #중등교사 #과학교사 #동아리활동

#환경 #과벤저스 #자기주도성

#학생주도성탐구활동 #자율동아리 #탐구프로젝트

과학 교사
김신연

Q. 어떤 계기로 환경인이 되셨나요?

A. 과학 수업을 위한 동아리를 꾸리고, 학생들이 독서토론 책으로 『6도의 멸종』을 선정했습니다. 학생들과 함께 책을 읽으며 기후위기의 심각성을 처음 실감했고, 과학 교사로서 무심했던 나 자신을 돌아보게 되었습니다. 비록 깨달음이 늦었지만, 중요한 건 지금부터라도 행동하는 것이라 다짐했습니다. 그 다짐의 시작으로, 적어도 한 해 동안 옷 한 벌도 사지 않는 작은 실천을 이어갔습니다.

이후 학생들과 함께 환경 문제를 깊이 고민하며 탐구하고, 실천하는 교육자로서 한 걸음 더 나아가게 되었습니다.

Q. 주로 어떤 일을 하시나요?

A. 저는 중학교 과학 교사이자 환경교육자로, 학생들이 과학을 통해 환경 문제를 탐구하고 실천할 수 있도록 돕고 있습니다. 특히, 환경과학 동아리 '과벤져스'를 지도하며, 기후위기와 탄소중립을 주제로 한 탐구 활동을 기획하고, 학생 주도 프로젝트를 운영했습니다.

단순한 지식 전달을 넘어, 학생들이 환경 문제를 과학적으로 탐구하며 실천하는 과정에 몰입할 수 있도록 조력하고 있습니다. 과학 교육을 통해 지속가능한 미래를 고민하고, 행동하는 생태 시민을 길러내는 것, 그것이 제가 추구하는 환경교육자의 길입니다.

Q. 지속가능성에 어떻게 기여하고 있나요?

A. 환경과학 동아리를 통해 학생들이 환경 문제를 과학적으로 탐구하고, 실천할 수 있도록 돕고 있습니다. 이를 통해 동아리 학생들이 기후위기와 탄소중립을 깊이 고민하며, 학교와 지역사회에서 기후 행동을 실천하는 주체로 성장하고 있습니다.
이러한 작은 실천들이 모이면, 결국 지속가능한 미래를 만들어갈 수 있다고 믿습니다.

Q. 나의 지속가능한 삶을 한마디로?

A. 작은 실천으로 지속가능한 변화를 실천하는 교육자의 삶

김신연

'6도의 멸종'이 불러온 변화의 시작

"이 책으로 정했어요. 『6도의 멸종』이요."

2학년 과학동아리 아이들이 독서토론 책으로 정한 이 책은 내 삶을 완전히 바꾸어 놓았다. 지구 기온이 1도 상승할 때마다 벌어지는 변화를 읽으며 충격에 휩싸였다. 나와 내 아이들이 살아갈 세상이 정말 이렇게 변할지도 모른다고 생각하니 숨이 막혔다.

'교사로서 나는 무엇을 해왔던가?' 무언가를 해야 한다는 생각이 강하게 들었다. 무엇부터 해야 할지 막막했지만, 기후위기에 대한 자료를 찾아보면서 이 문제가 이미 현실에서 진행 중임을 깨달았다.

그런데 주변을 둘러보니 신경 쓰는 사람이 없어 보였다. '나 혼자 나선다고 뭐가 해결될까?' 무력감이 밀려왔지만, 걱정만 하고 있을 수는 없었다.

'사람들은 기후위기가 왜 심각한지 모르는 걸까? 알게 된다면 달라지지 않을까?'

나는 기후위기를 알리는 것부터 시작해야겠다고 생각했다. 코로나로 집에만 있던 아이들은 우리가 뭘 할 수 있냐고 물었지만, 나는 "같이 고민해 보자. 분명 우리가 할 수 있는 일이 있을 거야."라며 학생들을 다독였다.

과학 교사의 책임감이 무겁게 마음을 짓눌렀지만, '나 혼자가 아니라 함께라면 행동할 수 있다'는 믿음으로 학생들과 프로젝트를 시작했다.

주말이 지나고, 2학년 등교 주간이었다. 몇몇 아이들이 인형과 피켓을 들고 나타났다. 박스 뒷면에 그림을 그리고 문구를 써서 만든 피켓과 함께 인형들을 1층 로비 바닥에 내려놓으며 '멸종위기 동물들의 시위'라고 했다. 나보다 먼저, 아이들이 스스로 실천에 나선 것이다.

다음 날, 인형의 수는 더 늘어났다. 캠페인을 지켜본 다른 학생들이 자발적으로 인형을 가져와 놓아둔 것이었다. 처음 보는 광경에 지나가던 선생님들과 학생들도 호기심을 보이며 관심을 두기 시작했다.

그렇게 '과벤져스'가 탄생했다.

아이들의 열정에서 용기를 얻은 나는, 우리가 함께할 일을 고민하기 시작했다. 우선, '기준점 이동 증후군'을 주제로 기후위기에 대한 편지를 써서 온라인과 학교 공동체에 게시했다. 그러자 동아리 회장이 이를 이어받아 '기후 시계'에 관한 편지를 작성하며, 자연스럽게 릴레이 형태의 기후 편지 프로젝트가 시작되었다.

12회까지 이어진 기후 편지 릴레이는 단순한 글쓰기가 아니라, 환경 문제에 대해 공감대를 형성하는 중요한 도구가 되었다. 아이들은 자신들의 목소리를 통해 변화를 이끌 수 있다는 자신감을 얻었다.

한 학생이 말했다. "내가 쓴 편지가 친구들에게 변화를 줄 수 있다는 생각에 힘이 났어요." 아이들이 스스로 변화를 만들고 있다고 확신하기 시작한 순간이었다.

"선생님, 우리가 직접 기후위기를 알리는 활동을 기획해 보면 어때요?" 아이들은 이제 스스로 활동을 기획하고, 친구들의 관심을 끌기 위해 다양한 프로그램을 준비했다. '기후 보물찾기', '유퀴즈 온 더 기후', '기후위기 방 탈출' 등 게임 형식의 프로그램을 만들어 친구들이 쉽고 재미있게 기후위기를 접할 수 있도록 했다.

한편, 올바른 분리배출 방법 포스터를 제작해 교실에 붙이고, 음식물 쓰레기 문제를 다룬 동영상을 만들어 아침 방송 시간에 송출하며, 환경 문제를 이해하고 실천할 수 있도록 도왔다.

또, 아이들은 학교 방송과 유튜브를 활용해 2시간 동안 '기후위기 콘서트'를 진행했다. 직접 준비한 연극 영상, 인터뷰, 실시간 소통, 다양한 창작물로 기후위기에 대한 공감대를 확산시켰고, 전교생과 교직원, 학부모까지 함께 기후위기를 고민하는 계기를 마련했다.

주말에는 교내를 넘어 생태공원과 지역축제, 경기도 탄소 공감 행사 등에 참여해 기후 체험 부스를 운영했다. 어린아이부터 어른까지 자신들이 준비한 프로그램에 참여하는 모습을 보며, 학생들은 '우리가 환경 문제 해결에 기여하고 있다'라는 확신을 갖게 되었다. 힘들었던 준비 과정도 모두 잊을 수 있었다.

바쁜 학업 생활 속에서도 시간을 쪼개어 동아리 활동에 몰입하고,

끊임없이 아이디어를 공유하며 새로운 활동을 기획하는 과정에서, 아이들은 단순히 기후위기를 배우는 것이 아니라, 스스로 변화를 만들어가는 주체로 성장하고 있었다.

꼬리에 꼬리를 무는 환경 프로젝트

『6도의 멸종』을 함께 읽으며 시작된 독서토론이 우연히 동아리 활동의 주제를 '환경'으로 이끌었다. 나는 이전에 지도했던 학생자치회 활동의 경험을 바탕으로, 아이들이 주도적으로 홍보와 실천 활동을 이어갈 수 있도록 지원했다.

하지만 시간이 지나면서, 나는 단순한 홍보나 캠페인에 머무르는 것이 아니라, 학생들이 과학적으로 탐구하고, 데이터를 분석하며 문제 해결을 해나가는 환경교육을 고민하기 시작했다.

쿨루프 프로젝트

독서토론 중 한 학생이 질문했다. "빙하가 녹으면 지구가 더 뜨거워진다는데, 우리 도시는 어떻게 될까요?" 빙하의 역할을 고민하며, '도시에서도 유사한 원리로 온도를 낮출 수 있을까?'라는 궁금증이 생겼다. 이 궁금증을 해결하기 위해 자료를 찾다가 쿨루프 프로젝트가 시작되었다. 쿨루프를 연구하며 실천하고 계신 소장님께 연락을 드려,

학생들이 탐구할 수 있도록 도움을 요청했다.

학생들은 학교 옥상에서 검은색, 초록색, 흰색 쿨루프 페인트를 칠한 미니 하우스를 만들어 온도 데이터를 분석하는 탐구를 수행했다. 다음 해에는 학교 옥상의 절반을 쿨루프로 시공한 후, 특정 교실과 비교하여 온도 데이터를 분석했다. 그 결과, 쿨루프가 적용된 교실의 평균 기온이 다른 교실보다 약 2~3℃ 낮게 유지되는 것이 확인되었다. 학생들은 이 데이터를 활용하여 에너지 절감 효과를 분석하는 연구로 발전시켰다.

또한, 마을 경로당 옥상에도 쿨루프를 시공하여, 어르신들이 더 시원한 여름을 보낼 수 있도록 했다.

수세미 재배 프로젝트

코로나 시절, 아이들과 온라인으로 기획한 첫 홍보 활동은 학생, 학부모, 교직원 모두를 대상으로 한 '용기내 챌린지'였다.

어떤 상품을 준비하면 좋을지 고민하던 중, 천연 수세미가 눈에 띄었다. 나조차도 처음 접하는 제품이었지만, 아이들과 함께 알아보니 수세미오이라는 식물의 열매를 말리면 속의 섬유질이 단단한 망 구조를 형성해 천연 수세미로 활용할 수 있다는 사실을 알게 되었다. 게다가 우리가 흔히 사용하는 플라스틱 수세미는 미세플라스틱의 주요 원천이라는 사실도 깨달았다.

"이걸 우리가 직접 키워서 만들어 보면 어떨까?" 그렇게 아이들은 수세미를 재배해 보기로 했다.

늦은 봄, 아이들과 학교 담장 옆에 수세미를 비롯한 다양한 과실 채소를 심었다. 가을까지 정성껏 가꾸며 꽃이 피고, 벌이 날아들고, 열매가 맺히는 과정을 직접 관찰했다. 도시에서 자란 아이들에게는 생명의 신비를 몸소 경험하는 경이로운 순간이었다.

학생들은 수확한 수세미를 천연 수세미로 가공해 학부모와 교직원들에게 나누고, 직접 재배한 채소를 활용해 환경친화적인 식생활을 고민하는 계기로 삼았다. 그저 작은 씨앗을 심은 것이었지만, 아이들은 자연과 더 가까워지고, 스스로 생태 시민으로 성장하고 있음을 깨달아 갔다.

하천 탐사 프로젝트

학생들과 함께 마을 하천을 탐사하며, 도시의 하천이 어떻게 연결되는지 직접 확인하고 수질을 분석해 보았다.

더 깊이 있는 탐사를 위해, 환경교육을 전문적으로 연구하고 계신 선생님을 강사로 모셨다. 전문가의 설명을 들으며, 아이들은 하천의 흐름과 수질 오염 문제를 과학적으로 분석하는 방법을 배웠다.

이후, 학생들은 수질 개선을 위해 EM 흙공을 만들어 하천에 던졌다. 그러자 한 학생이 질문했다.

"흙공이 정말 수질 개선에 효과가 있을까? 우리가 던진 곳의 수질이 실제로 변화했을까?"

이 궁금증은 곧 'EM 흙공의 수질 개선 효과 분석'이라는 다음 탐구 프로젝트로 이어졌다.

학생들이 스스로 질문하고 탐구하며 이어지는 환경 프로젝트가 계속 지속되길 바란다. 직접 문제를 발견하고 해결책을 모색하는 과정에서, 환경교육이 살아 있는 배움으로 자리 잡기를 희망한다. 그리고 이러한 탐구가 멈추지 않고 또 다른 질문으로 이어지며, '꼬리에 꼬리를 무는 환경 프로젝트'가 계속 확장되기를 기대한다.

내 삶이 환경으로 한 걸음 가까이

머릿속에는 늘 과벤져스 생각으로 가득했다. 아이들의 실천이 지속될 방법을 찾기 위해 주말에도, 방학에도 아이들과 만나 끊임없이 이야기를 나누었다. 나는 학생들이 환경 문제를 스스로 탐구하고 행동하도록 돕는 것이 교사의 역할이라 생각했다. 그래서 프로젝트를 기획하고 실행하는 과정에서도 최대한 조력자로 머물며, 아이들이 주도적으로 활동할 수 있도록 노력했다.

기특하게도 아이들은 사용하지 않는 불을 끄고, 메일함을 비우며, 교실의 냉방 온도를 높이고, 고기를 조금 덜 먹는 작은 실천을 자연스럽게 이어갔다.

아이들의 변화는 나에게도 많은 깨달음을 주었다. 환경교육은 정보 전달을 넘어, 작은 실천이 변화를 만든다는 경험을 제공하는 것, 그리고 무엇보다도, 학생들이 스스로 문제를 이해하고 해결하는 힘을 기르는 것이 핵심이다.

나는 '한 해 동안 옷을 한 벌도 사지 않는' 도전을 해보기로 했다. 처음엔 어려울 것 같았는데, 시간이 지나면서 쇼핑몰을 지나쳐도 더 이상 유혹을 느끼지 않았다.

'옷을 사지 않아도 생활에 아무런 문제가 없구나.' 이 경험은 단순한 실천을 넘어, 나의 소비 습관을 깊이 돌아보는 계기가 되었다. 환경 문제는 어디 멀리 있는 것이 아니라, 바로 나의 삶과 연결된 문제였다. 과벤져스는 더 이상 아이들의 활동만이 아니라, 나의 삶을 바꾸는 중요한 전환점이 되었다.

우리의 고민이 만든 세상의 변화

'우리가 한 일이 정말 변화를 만들었을까?'

8개월 후, 우리는 다시 설문조사를 실시했다. 결과는 놀라웠다. '기후위기를 위해 불편을 감수할 수 있다'라는 응답이 크게 증가했다. 무엇보다 '기후위기 하면 떠오르는 단어'로 '과벤져스'라고 응답한 친구

김신연

들이 많아졌다는 결과에 아이들은 스스로의 노력이 의미 있었다는 것을 깨달았다.

과벤져스 1기 회장은 1년간의 활동을 정리하며 '지구 상태 자가 진단'이라는 제목을 붙였다. 코로나 시기, 우리는 매일 아침 학교에 가기 전 '건강 상태 자가 진단'을 해야 했다. 그런데 어느 날, 지구가 자가 진단을 한다면 모든 답이 '위험'으로 표시될 것이라는 생각이 들었다고 했다. 그 위기의식을 더 많은 사람에게 알리고 싶다는 고민이, 과벤져스 1기에서 2기, 3기로 이어지며 더욱 깊은 활동으로 발전해 갔다.

매주 토요일 밤, 온라인에서는 열정적인 토론이 펼쳐졌다. 기후위기와 탄소중립을 주제로 아이들은 끝없이 질문을 던지고, 답을 찾아갔다. 대화가 길어지다 보면 어느새 자정을 넘기는 일이 다반사였다.

고민이 깊어질수록, 아이들은 더욱 성장했고, 그들의 작은 실천이 주변에도 변화를 만들어내기 시작했다.

과벤져스를 통해 얻은 진정한 행복

"물 절약하기, 가전제품 코드 뽑기, 이동 수업 시 냉난방 기구 *끄기* 같은 작은 행동들이 이제는 우리의 일상이 되었어요."

아이들은 눈을 반짝이며 자랑스럽게 말했다.

"기후위기는 우리 모두의 책임이고, 모두의 문제라고 생각하면서 세상을 바라보는 시선이 완전히 달라졌어요."

진지하게 이야기를 나누는 아이들의 모습에서 나는 깊이 감동했다.

학생들의 변화는 가정에서도 이어졌다.

한 학부모님은 자녀가 스스로 기후 행동을 실천하며 자긍심을 느끼는 모습을 보며, 자신도 택배와 배달 음식을 줄이기 시작했다고 했다.

또 다른 학부모님은 어른으로서의 책임감을 느끼게 되었다고 말했다.

"날이 더워도 에어컨 대신 선풍기를 틀자고 하는 아이의 말을 듣고, 나도 기후위기를 더 진지하게 받아들이게 됐어요."라고.

작은 실천이 학생에서 가정으로, 그리고 사회로 확산하는 과정을 지켜보며, 우리가 함께 만든 변화의 힘을 다시금 깨닫게 되었다.

기후위기를 고민하고, 할 수 있는 일을 실천하며, 그 경험이 내면화되어 삶의 일부가 되도록 하는 것.

과벤져스의 활동은 단순한 프로젝트를 넘어, 학생들이 협력하고 존중하며 함께 성장하는 배움의 과정이 되었다. 이러한 소중한 경험들은 보고서로 정리되어 해마다 수상했고, 그 과정에서 우리의 고민과 실천이 헛되지 않았음을 확인할 수 있었다. 우리가 만든 변화에 사회적으로도 공감을 얻는다는 것이 감사했다.

교사는 씨앗을 뿌리고 하루하루 학생에게 물을 주며 돌보는 존재이다. 학생들이 성장하는 모습을 지켜보는 것, 그것은 교사로서 누릴 수 있는 가장 큰 행복이다. 과벤져스를 통해 학생들이 책임감 있는 생태

김신연

시민으로 성장하는 모습을 지켜볼 수 있었던 순간들, 그것은 단연코 내 교직 생활에서 가장 행복한 시간이었다.

변화는 작은 실천에서 시작된다. 텀블러 사용, 분리배출 준수, 대중교통 이용, 실내 적정온도 유지, 이런 작은 실천들이 쌓이면, 세상은 변화한다. 우리의 행동 하나하나가 변화의 시작이며, 우리는 그 변화를 만들어가는 주인공이다.

김신연

중학교 과학 교사로서 학생들과 함께 환경 문제를 탐구하며 해결 방안을 모색하는 다양한 프로젝트를 진행해 왔다. 환경과학 동아리 '과벤져스'를 이끌며, 기후위기와 탄소중립을 주제로 실천적 교육을 실현하고 있다. 작은 실천이 큰 변화를 만든다는 믿음으로, 학생들과 함께 배우고 성장하며, 지속가능한 미래를 위한 생태 시민을 길러내는 환경교육을 실천하고 있다.

🌱 환경동아리를 지도하는 중등교사는

환경동아리를 지도하는 중등교사는 학생들이 환경을 고민하고 탐구하며, 실천할 기회를 제공하는 교육자입니다. 환경 문제와 지속가능한 미래에 대한 교육을 통해 학생들이 생태 시민으로 성장할 수 있도록 돕는 역할을 합니다.

🌱 환경동아리를 지도하는 중등교사를 위한 준비과정

이미 중등교사라면, 완벽한 준비가 필요하지 않습니다. 중요한 것은 환경에 관한 관심과 학생 주도 활동을 실천하려는 의지입니다. 학생들과 함께 탐구하고 실천하는 과정에서 교사도 성장할 수 있습니다.

학생 주도성을 존중하는 태도 가지기

정답을 제시하는 것이 아니라, 학생들이 스스로 탐구하고 실천할 수 있도록 조력자가 되어야 합니다. 학생들이 자율적으로 활동할 수 있는 환경을 조성하는 것이 중요합니다.

환경 문제에 대한 기본적인 이해 갖추기

기후위기, 탄소중립, 생태계 보전 등 환경 이슈에 대한 기본 개념을 익히고 관련 자료를 활용합니다. 학생들과 함께 책, 다큐멘터리, 기사 등을 활용해 환경 문제를 공부하고 논의할 수 있습니다.

탐구프로젝트와 실천 활동 연결하기

과학 교사라면 실험, 데이터 분석, 현장 조사 등의 프로젝트를 통해 환경 문제를 탐구하고 해결 방안을 찾도록 지원할 수 있습니다.

김신연

⚘ 환경동아리 운영 전문교사로 성장하려면

환경동아리 운영 전문교사로 성장하는 길은 정답이 정해진 것이 아니라, 학생들과 함께 배우고 실천하면서 만들어가는 과정입니다.

환경교육 연수 및 네트워크 활용하기

기존의 환경 프로젝트 자료와 성공 사례를 참고하고, 환경교육 관련 연수와 연구 모임에 참여하여 전문성을 키웁니다. 다른 교사들과 경험을 공유하며 효과적인 운영 방법을 배울 수 있습니다.

환경과학교육을 기반으로 한 융합 수업 개발하기

과학적 탐구 방법(데이터 분석, 실험, 현장 조사 등)을 적용하여 학생 참여도를 높이는 환경교육을 설계합니다. 학교에서 시작한 활동이 지역사회로 확장될 수 있도록 고민합니다.

⚘ 평범한 중등교사의 지구하기

교과와 연계한 환경교육

각 과목에 맞게 환경 문제를 연결하여 수업에서 다룰 수 있습니다.
예) 국어: 환경 관련 기사 분석, 사회: 기후위기와 정책, 수학: 탄소 배출량 데이터 분석 등

학생 주도 환경 프로젝트 운영

환경동아리, 학급 프로젝트, 창의적 체험활동(자율, 봉사, 진로) 등을 활용하여 학생들이 주도적으로 활동하도록 지원할 수 있습니다.
예) 쓰레기 줄이기 캠페인, 기후 행동 챌린지, 학교 내 에너지 절약 프로젝트 등

학교 내 환경 캠페인부터, 지역축제와 연계한 기후위기 대응 활동까지 확장할 수 있습니다.
예) 지역사회 환경 정화 활동, 기후위기 관련 공모전 참여, 환경 전문가 초청 강연 등

지속가능성을 위한 제안서

김신연

내가 서 있는
이 자리에서부터
바다사랑

#바다해설사   #국가해양환경교육강사   #해양쓰레기전문강사

#바다기사단   #업사이클링전문강사   #어린이해양환경체험관

#해양환경도슨트   #바다보석   #환경감수성   #해안누리길   #코리아둘레길

해양 교육 전문가
박경화

Q. 어떤 계기로 환경인이 되셨나요?

A. 농촌체험지도사 일을 하며 자연에 대한 이해가 커지게 되었고 친환경적인 삶에 대한 시도를 시작하였습니다. 우연한 기회에 바다해설사 교육을 수료하고 갯벌체험, 해양생태교육, 섬 트래킹 안내 등 바다해설을 하며 바다 쓰레기 문제에 관심을 갖게 되었습니다. 동아시아바다공동체 오션의 해양쓰레기 전문강사 과정을 거쳐 해양쓰레기 모니터링, 미세플라스틱 채집을 하며 환경 문제에 깊이 관여하게 되었습니다.

Q. 주로 어떤 일을 하시나요?

A. 한국해양재단 어린이 해양환경체험관 운영직원으로 근무하며 체험관을 방문하는 어린이를 대상으로 도슨트 업무를 합니다. 어린이 해양환경체험관 교육 현장에서 체험을 통해 바다해양환경에 대한 감수성을 높일 수 있도록 지도하는 일도 하고 있습니다.
또한 갯벌체험, 해양환경교육 수요가 있을 시 바다해설 또는 교육 강의를 하기도 하며 동아시아 바다공동체에서 실시하는 해양쓰레기 모니터링과 미세플라스틱 채집업무를 분기별로 실시하고 있습니다.

Q. 지속가능성에 어떻게 기여하고 있나요?

A. 해양환경의 심각성이 전달되고 개선을 위한 실천이 일상에서 실행될 수 있도록 하고 있습니다. 해양환경 문제는 일상에서 삶의 방식을 개선하고 기업의 생산활동과 정부의 정책에 관심을 가지고 꾸준히 문제 제기를 통해 개선시킬 수 있습니다. 이는 교육을 통해 확장되어야 한다고 생각합니다.

개인적으로는 내가 사용하는 일상용품의 적절한 구매 활동 즉 생산자 보호를 위한 소비를 하고 있으며 일회용품 사용을 하지 않고 있으며 버려지는 생산품이 없도록 합니다. 정기적인 생태동아리 활동으로 기록된 자료를 관계되는 단체에 제공하여 환경개선정책의 쓰임이 되도록 기여하고 있으며 생태 인문학 독서 모임을 통해 늘 깨어 있으려 노력하고 혼자보다는 더불어 같이 환경 문제를 개선할 수 있는 기회를 만들어 실천합니다.

Q. 나의 지속가능한 삶을 한마디로?

A. 아름다운 나의 바다로 돌려놓기 위한 한걸음

박경화

바다해설사가 되다

농업 강사 일을 하다 바다해설사 교육이 있다는 것을 알게 되었다. 숲 해설사, 문화해설사라는 이야기는 많이 들었는데 바다해설사는 무슨 일을 하는지 궁금해, 바다해설사를 양성하던 어촌어항공단 문을 두들겨 교육을 이수하였다. 하지만 바다가 없는 곳에서 태어나고 성장했기에 바다 관련 지식이 턱도 없이 부족했다.

궁금증이 있으면 참지 않고 충족시키는 성격이라 국립수산과학원 블로그 기자, 국립 영덕 청소년해양센터 서포터즈, 전국 해안누리길 개척단 참여, 수산시장 홍보 담당 등 바다와 연관 있는 곳이라면 어디든 문을 두들겨 지식과 경험을 쌓았다.

동료 바다해설사를 모아 바다 이야기를 잘 전달할 수 있는 수업 교안과 체험교구를 개발하는 [배워서남주자] 학습동아리를 이끌었는데 동아리 바다해설사 중 5명이 5년 연속 해양수산부 장관상을 수상하는 쾌거를 이루었다. 개발된 결과물은 해양환경교육 현장에서 흥미롭게 바다를 설명하는 교보재로 활용하고 있으니 실로 자랑스러운 성과이다.

　　바다해설사로 활동하며 해양환경 오염의 심각성을 직접 확인하다
보니 어떻게 하면 사람들이 해양환경 문제를 공감할 수 있을까 고민
하고 논의 끝에 온 바다를 우리가 사랑하고 책임지자는 의미를 담아
온바다 해양환경 동아리를 결성하여 바다 청소를 시작했다.

　　매월 세 번째 토요일을 바다 청소의 날로 정해 갯벌체험장이 있는
인천 중구 마시안 해변 청소를 하며 수거된 쓰레기 종류와 양을 기록
하였는데, 처음 쓰레기를 기록했을 때 체험 갯벌에서 쓰고 버린 목장
갑과 폭죽 쓰레기가 엄청났다.

　　일몰이 아름다운 곳이라, 해가 질 무렵 찾아드는 방문객들이 순간의
즐거움을 위해 터뜨리는 폭죽을 비롯하여 차박 캠핑족과 해변을 찾는
방문객이 버리고 가는 쓰레기가 뒹굴던 해변이었다. 3년이 넘도록 꾸
준히 청소하다 보니 '몇 번 하다 말겠지' 하고 무관심하던 어촌계의 눈
길도 부드럽게 변하기 시작했다.

　　기록을 토대로, 갯벌 흙은 촉감놀이에도 좋다는 점을 어필했다. 또
한 물에 젖으면 아이들이 불편해하며 벗어던져 갯벌 쓰레기가 되곤
하는 장갑을 팔거나 제공하지 않도록 설득하였다. 장갑을 팔아 나오
는 이익보다 해변이 깨끗해지는 결과가 주는 효과가 더 클 수 있다는
말에 어촌계는 시큰둥하며 별 반응이 없었다.

박경화

그러던 어느 날 인천어촌특화지원센터로부터 전국어촌체험마을 경진대회에 온바다 해양동아리와 마시안 어촌계가 연대해 참여해 보라는 권유를 받고 출전하였다. 마시안 어촌계장님과 어촌체험마을의 변화에 대한 시나리오를 쓰고 함께 한 사례발표가 전국 2위를 수상하였다. 부상으로 어촌경관 사업을 할 수 있는 꽤 큰 금액을 받았는데 장갑과 폭죽 판매로 얻는 조그마한 수익보다 시민과 연대한 연안정화 활동의 결과가 긍정적임을 인지하고 어촌계는 장갑과 폭죽 판매를 전격 중단하는 결정을 하였다.

꾸준한 청소 활동과 기록의 결과가 일구어낸 성과에 많이 놀랍고 기쁜 마음을 말로 표현할 수 없었다. 시민과학활동이 시스템을 움직이는 현장을 우리가 만들어낸 것이다.

해양쓰레기로 활동 영역을 넓히다

해양쓰레기에 관심을 가지고 활동하다 우리나라에서 유일하게 민간이 해양쓰레기를 추적하며 연구 활동을 하는 동아시아바다공동체 오션의 해양쓰레기 강사 양성과정에 참여하게 되었다.

국가해양환경교육센터의 찾아가는 해양교육강사단을 통해 학생과 일반시민, 어촌계원 등 다양한 대상에게 하는 해양교육에서 우리 온바다해양환경 동아리의 지속적인 연안정화 활동 경험은 진정성 있는 교육을 펼칠 수 있는 기반이 되었다.

영역을 넓혀 해양쓰레기 모니터
링과 미세플라스틱 채집 모니터링
에도 참여하여 결과물을 동아시아
바다공동체 오션과 공유하였으며
기업의 후원으로 일반시민을 모집
해 수도권 주변의 해변과 섬을 찾
아가 바다청소를 꾸준히 이어나가
고 있다. 우리의 활동을 인정받아

22년 국제연안정화의 날 해양수산부장관상을 수상하는 쾌거를 이루
었다.

개인으로는 두 번째 해수부장관상을 수상했으니 실로 가문의 영광
이다.

나는 자랑스러운 바다기사단, 바다는 내 삶의 원천

전국의 해양쓰레기를 앱에 기록하는 바다기사단이라는 조직 활동
에 참여하고 있다. 접근이 편리한 해변에 버려진 쓰레기, 바다에 떠다
니는 부유 쓰레기, 가라앉는 침적 쓰레기를 각자의 장비와 역량으로
기록한다. 해변 쓰레기를 담당하는 '테라' 팀으로 활동하던 나는 스쿠

버다이빙을 배워 수중 쓰레기를 기록하는 아쿠아로 영역을 넓혀 가고 있다.

전국 해양쓰레기 모니터링 활동 바다기사단은 중요한 활동이지만 개인적으로 더 이상 필요치 않게 되어 종료되길 바라는 마음이 간절하다.

주5일 근무하고 주말이 되면 바다로 가고 싶어 가슴이 뛴다.

해변을 거닐며 파도와 바람에 매끈하고 몽글해진 바다 보석 유리를 줍고 귀로는 바다의 소리를 듣는다.

갯벌에서 나는 갯벌 생물들의 합창, 바닷새들의 수다, 파도가 들려주는 먼바다 이야기를 듣고 오면 일주일을 가뿐하게 보낼 수 있는 힘이 생긴다.

바다는 나의 에너지 원천이며 쉼과 힐링을 할 수 있는 곳이다.

나는 천생 바다의 여인이다.

박경화

바다해설사이며 해양교육강사, 해양쓰레기전문강사. 바다쓰레기를 모니터링하는 바다기사단이다. 늘 바다를 동경하여 바다를 끼고 걷는 전국의 바다 해안누리길을 개척하여 만드는 과정에도 참여했으며, 바다에서 나는 것이라면 무엇이든 좋아하지만, 고향은 바다가 없는 충청북도 괴산 태생이다. 바다에서 나고 살지 않아도 바다를 사랑하는 마음으로 바다 관련된 일을 하고 있다.

해양환경도슨트는

해양환경도슨트는 해양 생태계, 해양 오염, 해양 생물, 해양 보전 및 관리에 관한 교육을 제공하는 직업입니다. 이들은 박물관, 수족관, 해양 공원 등에서 활동하며, 방문객들에게 해양생물에 대한 정보와 그들의 서식지에 대한 가치를 설명합니다.

해양환경도슨트의 주요 역할에는 해양환경 보호의 중요성을 전파하고, 방문객들에게 해양 생태계의 현재 상태와 인류의 영향을 설명하는 것이 포함됩니다.

해양환경도슨트를 위한 준비과정

학문적 배경

생물학, 환경 과학, 해양학 또는 교육 관련 전공을 통해 해양 생태계에 대한 기초 지식을 습득하는 것이 중요합니다.

현장 경험

수족관, 해양 연구소 또는 해양 보호 단체에서 인턴십을 통해 실무 경험을 쌓고, 바다와 해양생물에 대한 이해를 심화시켜야 합니다.

교육 기술 개발

교육학, 커뮤니케이션 및 발표 기술을 배우고 연습하여 다양한 관객층에 효과적으로 정보를 전달하는 능력을 배양해야 합니다.

박경화

자격증 취득

해양 교육 또는 해양 사회환경지도사 자격수료, 도슨트 프로그램 관련 자격증을 취득하면 시장에서 경쟁력을 높일 수 있습니다.

해양환경 도슨트 전문가로 성장하려면

지속적인 교육

해양 과학 및 환경에 관한 최신 연구에 계속 관심을 가지고, 관련 워크숍과 세미나에 참석하여 전문지식을 확장해야 합니다.

네트워크 구축

해양환경 관련 전문가 및 기관과의 인맥을 형성하여 협력 기회를 창출하고, 정보 공유를 통해 자기의 능력을 강화할 수 있습니다.

프로젝트 참여

해양 보전 프로젝트나 연구에 자원봉사 또는 참여하여 실제적인 경험을 쌓고, 전문적인 경력을 쌓아야 합니다.

정기적인 피드백

교육 활동 후 방문객의 피드백을 수집하고 자가 평가를 통해 자신의 교육 방법과 내용을 개선할 수 있는 기회를 마련해야 합니다.

평범한 도슨트의 지구하기

지속가능한 교육 내용 제공

도슨트로서 자신이 가르치는 주제에 지속가능성과 환경 문제를 통합해야 합니다. 예를 들어, 전시물이나 투어 중에 자원 절약, 재활용, 생태계 보호 등의 개념을 강조하고 관련 사례를 소개할 수 있습니다.

지역사회와 연계

지역의 환경 문제나 지속가능성과 관련된 프로젝트와 협력하여 지역사회와의 연결을 강화하고, 지역의 생태계와 문화에 대한 지식을 공유하는 기회를 만들어야 합니다.

참여형 프로그램 개발

관객이 직접 참여할 수 있는 프로그램을 기획하여 지속가능한 삶의 실천에 대해 더욱 깊이 이해할 수 있도록 돕습니다. 예를 들어, 워크숍이나 체험 프로그램을 통해 자원 재활용 등 실천적인 방법을 교육할 수 있습니다.

자기 계발과 교육

지속가능성에 관한 최신 트렌드와 연구 결과를 계속 배우고, 이를 도슨트의 설명에 반영할 수 있도록 해야 합니다. 이를 통해 관객에게 깊이 있는 정보를 제공하고 자신의 전문성을 높일 수 있습니다.

의사소통 및 소셜 미디어 활용

자신이 전달하는 지속가능성의 중요성을 소셜 미디어를 통해 널리 알리고, 대화를 유도하는 콘텐츠를 공유함으로써 더 많은 사람들에게 지속가능한 행동을 촉구할 수 있습니다.

박경화

내가 서 있는 이 자리에서부터 바다사랑

환경문화를 만드는
환경 크리에이터
지구관찰자

#지구관찰자 #환경문화 #환경콘텐츠 #환경크리에이터

#과학크리에이터 #환경문화연구소 #초록이음 #공익활동

#시민과학자클럽 #시민과학 #환경교육 #생물다양성 #담수생물

#도시생물 #유기어 #기후변화생물지표종 #관찰

환경 크리에이터
손미희

A. 2007년 태안 바다에 기름이 유출되는 사고가 있었습니다. 기름에 뒤덮인 새와 물고기, 삶의 터전인 바다를 잃게 된 주민들의 모습에 전 국민이 가슴 아파했습니다. 전국의 봉사자가 태안으로 모였고 저 역시 달려가 기름때를 닦았습니다. 그저 봉사하러 갔던 그곳에서 다양한 '환경인'을 목격하게 된 것입니다. 그 뒤로 환경에 대한 관심이 생겼고 자연스럽게 관련 활동과 직업을 가지게 되었습니다.

Q. 주로 어떤 일을 하시나요?

A. 우리가 살고 있는 지구를 알립니다. 지구 전체가 아닌 내가 있는 바로 이곳, 일상 속 지구의 생물과 환경을 관찰하고 콘텐츠(글, 사진, 영상 등)를 제작하여 배포합니다. 대중에게 환경의 중요성을 알리기 위해 유쾌하고 흥미로운 환경 프로젝트를 개발합니다. 지역의 환경 문제 해결을 위해 시민, 시민과학자, 과학자, 활동가를 네트워킹하고 모두가 참여할 수 있는 현명한 방법(환경콘서트, 캠페인, 연구, 제안 등)을 함께 만들어 실행합니다.

Q. 지속가능성에 어떻게 기여하고 있나요?

A. 다양한 형태로 환경을 소비하며 살아가는 우리는 '환경 소비자'입니다. 저 또한 환경 소비자이며 파괴자이기도 하지요. 하지만 소비자에 그치지 않고 생산자가 되기 위해 노력합니다. 지속가능한 환경, 사회, 경제에 대한 고민과 관찰을 통해 대중의 눈높이에서 콘텐츠를 제작하고 환경이 우리의 삶의 일부라는 것을 알리고 있습니다. 지역의 상권과 환경을 연결하기 위해 프로그램을 기획하고, 공공기관-시민단체-학계 소통을 위해 능변가의 역할을 시도합니다.

Q. 나의 지속가능한 삶을 한마디로?

A. 환경문화를 생산하는 생산자

손미희

지구를 관찰하는 환경교육활동가, 환경문화를 크리에이팅(Creating)하다!

지구, 빙하, 북극곰, 플라스틱, 쓰레기, 기후변화.

지겨울 만큼 많이 들리는 것이 환경 관련 단어이다.

"환경 콘텐츠는 안 봐요. 재미없잖아요."

"뻔해요!"

이런 반응도 당연한 것이 아닌가? 환경교육가로 시작해 활동가(어떤 일의 성과를 거두기 위하여 적극적으로 힘쓰는 사람)의 길에 접어든 나는 환경 크리에이터 지구관찰자다.

도시의 불빛 아래 잠 못 드는 매미, 유리 벽에 생명을 빼앗긴 새, 공원 조성으로 파헤쳐진 도시하천의 물고기, 빠른 속도로 이동하는 차들로 북적이는 도로 위에서 생명을 위협받는 동물. 이런 생물들을 관찰하고 기록으로 남긴 것이 내 크리에이팅의 시작이었다.

나는 도시에서 태어났다. 학교를 마치면 학원에 가고 동네 놀이터에서 친구들과 놀았다. 나와 친구들 사이에 차이가 있다면 학교에 가지 않는 날의 일과였다. 내 부모님은 부자가 아니었고 배움도 많지 않으셨다. 하지만 내가 학교에 가지 않는 날이면 어김없이 산과 들, 강가로 데려가셨다. 그렇게 나는 메뚜기를 잡고 물장구를 치고 물고기를 보며 성장했다. 나도 모르게 지구를 관찰하며 생태감수성이라는 숲에서 자라난 셈이다.

어른이 된 어느 날 지구에서 일어나는 일들을 알게 되었다. 어떻게 하면 지구를 지킬 수 있는지도 알게 되었다. 혼자서 열심히 지구를 지키는 일들을 실천했다. 아무리 열심히 실천해도 지구의 일들은 멈춰지지 않고 더욱 심해졌다. 그렇다면 '알려야겠다'라고 마음먹은 후에는 친구들에게 내가 알게 된 지구에서 일어나고 있는 일에 관해 설명했다. 하지만 그들은 말했다.

"그래, 지구온난화 예전에 배웠잖아."

"앞으로 쓰레기 안 버릴게."

"우리가 한다고 뭐 달라지는 줄 알아? 어차피 똑같아. 그리고 나중에 일어날 일이야, 걱정하지 마!"

나중의 일이라고 그건 아니다. 그들은 모른다. 모르는 게 확실하다. 방송, 유튜브, 카드뉴스, 행사와 홍보물 등 연일 쏟아져 나오는 콘텐츠가 이렇게 많은데 왜 모르는 것일까?

모르는 것이 아니라, 안 보는 것이다

사람들이 환경 관련 콘텐츠가 많아도 보지 않는 것은 재미가 없기 때문이다. 누가 봐도 뻔하고 이미 안다고 생각하기 때문일까? 그렇다면 사람들이 잘 모르는 것들을 알려주면 어떨까?

손미희

예를 들어 쓰레기를 함부로 버리지 말라고 실천만 강요하는 것이 아니라 생활권인 도시하천에서 쓰레기 때문에 위협받는 동물들의 모습을 보여주면 어떨까? 도시에 어떤 생물들이 함께 살고 있는지를 알아보면 어떨까? 물론 내가 만드는 콘텐츠가 모두 재미있는 것은 아니다. 하지만 적어도 '어? 이거 뭐지?'라는 궁금증을 일으켜 보기로 했다. 그렇게 나는 크리에이팅(Creating)을 시작하였다.

하고 싶은 일을 찾으면 저절로 공부하게 된다

나는 모범생이 아니었다. 공부를 잘하거나 운동을 잘하는 편이 아니었다. 그러나 친구들과 재미있게 노는 방법을 생각하고 소소한 이벤트를 곧잘 만들기도 했다. 중·고등학교 6년 내내 영화 동아리를 했고 다소 생소한 독립 영화를 만들기도 했다. 내게 학교란 그냥 친구들 만나러 가는 곳에 불과했다. 대학도 원하는 곳에 떨어져서 옆에 앉은 친구를 따라가게 되었다. 이때까지 나는 내가 진짜 하고 싶은 일을 제대로 알지 못했던 것 같다.

내 첫 직장은 병원이었다. 내가 맡은 일은 임상병리사로서 검사실에 앉아 혈구와 세포를 관찰하고 화학적·물리적 검사를 통해 질병과 관련된 정보를 찾아내는 일이었다. 나는 직장을 다니면서도 늘 재미있는 일을 떠올리곤 했다.

'내가 일하는 병원을 효과적으로 알릴 방법은 없을까? 사람들은 어떤 것에 흥미를 느낄까?'

이런 고민을 하다 보니 병원이라는 다소 보수적인 직장에서도 의료 콘텐츠를 만드는 기획 일을 맡게 되었다. 물론 그렇게 되기까지는 여러 가지 노력과 고통스러운 과정이 있었다.

이후 지구에서 일어나고 있는 실태를 알게 되어 환경교육을 하기로 마음먹었고 관련 자격증 취득에 도전하기 시작했다. 환경기능사, 도시농업기능사, 환경교육사, 자연 환경해설사…. 그 외에도 여러 자격증과 관련 포럼, 워크숍, 교육과정들을 찾아다니며 스스로 공부하기 시작했고 마침내 환경교육 전공으로 대학원 졸업까지 할 수 있었다.

물론 지금도 끊임없이 공부하고 있다. 시간이 날 때마다 국제기구에서 발표하는 보고서, 환경부, 관련 기관의 연구자료를 틈틈이 보며 자신을 스스로 업데이트한다. 신선한 재료로 만든 음식이 맛있듯 새롭고 정확한 정보로 만든 콘텐츠가 더 설득력이 있다. 공부는 끝이 없다. 하지만 내가 하고 싶을 일을 찾다 보니 공부가 너무 재미있다. 믿거나 말거나!

손미희

나는 환경 크리에이터를 시작하면서 한국과학창의재단에 실시하는 과학문화인력양성 과정에 참여하였다. 치열한 경쟁을 뚫고 과학크리에이터 실전 과정을 수료하며 유튜브 콘텐츠, 숏폼의 중요성을 알게 되었고 유튜브에도 도전하였다.

사실 크리에이터(Creator)란 유튜버만을 말하는 것은 아니다. 크리에이터에는 창작자, 새로운 것을 기획하고 제작하여 전하는 사람 등 다양한 해석이 존재한다. 최근 들어서는 '크리에이터 = 유튜버'라는 의미로 통용되어 사용되기도 한다. 환경 크리에이터란 환경 소재의 글, 그림, 사진, 영상, 예술 등을 통해 콘텐츠를 만들어내는 창작자라 할 수 있다.

그렇다면 환경 크리에이터는 콘텐츠를 만드는 일반 크리에이터와 어떤 차이가 있을까? 내 생각에는 콘텐츠를 만드는 목적에 가장 큰 차이가 있다.

환경 크리에이터는 대중들에게 환경에 관한 관심을 불러일으켜야 한다. 한마디로 환경관종이 되어야 한다. 콘텐츠가 영상이라면 재생버튼을 눌러보게 해야 할 것이고, 행사 포스터라면 어떤 행사인지 찾아보게 만들어야 한다. 콘텐츠의 형태가 무엇이든 사람들의 관심을 끌고 내가 전하고 싶은 메시지를 전달해야 한다. 메시지를 전달한다는 것은 환경에 대한 호기심과 관심의 시작 버튼을 누르는 행위로 이어진다. 물론 버튼을 누를지 말지에 대한 결정은 메시지를 받은 사람에 따라 다르기도 하다.

지구관찰자는 환경콘텐츠만을 만드는 크리에이터가 아니다. 나는 눌러진 버튼을 실천이라는 환경 위성으로 발사시켜 세상에 환경문화의 중요성을 전파하고자 한다. 그러기 위해서는 먼저 환경문화를 만드는 환경 크리에이터가 되어야 한다.

안녕하세요, 시민과학자클럽입니다. 제비 왔나요?

환경문화를 만들기 위해서는 온라인 콘텐츠만으로는 부족하다. 온라인 콘텐츠가 닿는 곳이 한정되어 있기 때문이다. 나이, 지역, 환경에 따라 다르기도 하지만 알고리즘의 바닷속에 있다 보면 내가 관심 있는 것만 보게 되어 새로운 주제의 콘텐츠를 접하기 점점 어려워지고 있다.

고민 끝에 나는 '시민과학자클럽'이라는 오프라인 콘텐츠를 만들었다. 과학을 기반으로 한 도시 생태계 보전 및 환경 연구에 관심이 있는 시민들이 모여 활동하는 단체이다. 시민과학자클럽은 다양한 직업과 연령층으로 구성되어 있다. 특히, 클럽을 온라인 콘텐츠를 움직이는 MZ 세대의 관심대상으로 만들고자 유쾌한 환경 커뮤니티를 지향하게 되었다.

요즘 내가 속한 시민과학자클럽은 도심 속 사라져가는 제비 서식지
를 보존하고자 전통시장에서 제비 둥지가 있는 상점을 찾아 기록하고
알리는 일을 하고 있다. 제비는 해마다 같은 곳을 찾아오는 여름 철새
이자 기후변화 생물지표종이다.

작년에 사용했던 둥지를 재사용하거나 근처에 새로 지어 번식하는
데, 부지런히 먹고 싸다 보니 둥지가 있는 곳은 제비 똥으로 지저분해
지기 마련이다. 이런 악조건에도 불구하고 제비 가족을 지켜내며 오
랜 시간 함께 살아온 상점의 주인들은 어느 과학자보다 훌륭한 시민
과학자이기도 하다.

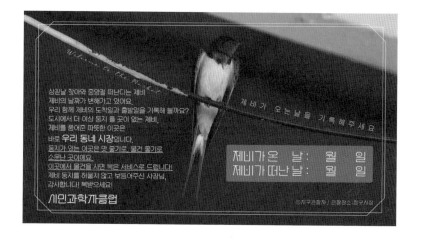

환경문화를 만드는 환경 크리에이터 지구관찰자

이 프로젝트의 이름은 '제비가 사는 시장'이다. 제비를 품은 가게를 '제비 상점'이라 홍보하고, 상점의 주인들은 제비의 도착일과 출발일, 번식 현황을 기록해 데이터를 만든다. 이때 시민과학자클럽이 현장검증과 자료를 수집한다. 이렇게 수집된 데이터는 과학자의 자문 아래 분석을 거쳐 함께 만드는 연구 결과로 탄생한다. 이 프로젝트는 전통시장의 활성화와 생물다양성 보존, 기후변화 생물지표종에 관한 데이터 구축까지 함께할 수 있을 것으로 예상한다.

버려진 생명, 유기어

2024년 8월 26일. 나는 도시하천에서 작고 화려한 물고기를 발견했다. 사실 발견 전부터, 그곳에 있을지도 모른다고 생각하기는 했다. 2023년 6월에 이미 그것을 본 적이 있었기 때문이다. 혼자 속으로 상상한 적이 있었다.

'우연이겠지? 누군가 실수로 놓아준 게 아닐까?'

그러나 아쉽게도 현실은 그게 아니었다. 그것은 유기[1] 된 것이다.

2024년 지역의 청년들과 시민과학 프로젝트를 만들어 도시하천을 관찰했다. 그때 우리가 발견한 물고기는 23~24℃ 정도의 따뜻한 물

---

1) **遺棄**: 내다 버림

에서 사는 화려하고 무늬 변이가 많은 열대어 구피였다. 구피는 중앙 아메리카, 남아메리카 북부, 브라질이 원산지인 외래어종으로 우리나라에서는 월동할 수 없고 자연 생태계에서 생존 가능성이 작다고 알려져 있다.

사람들은 '유기견', '유기묘' 단어만 들어도 안타까워한다. 누군가의 반려동물로 맞이했다가 애완동물로 전락한 채 장난감처럼 쓰다 버려진 동물들이니 말이다. 우리가 발견한 구피 역시 다르지 않았다.

크지 않고, 눈에 띄지 않으며, 물속에 산다는 이유로 다른 동물보다 덜 중요하게 여겨질 뿐이다. 수족관에서 태어나 도시하천으로 흘러든 그 작은 물고기는 어쩌면 이번 겨울 추위를 견디지 못하고 죽음을 맞이할지도 모른다. 운 좋게 살아남더라도 외래생물로 낙인찍혀 하천의 천덕꾸러기가 될 것이다.

우리는 이 프로젝트를 통해 4개월에 걸쳐 36마리의 구피를 발견했고 도시하천에 열대어가 유기되고 있다는 사실을 확인했다. 또한 이를 시민들에게 알리기 위해 지역축제에 참여하여 3일 동안 부스를 열고 콘텐츠를 만들어 배포했다. 많은 이들의 관심과 응원 덕분에 유기어 프로젝트는 장기 프로그램으로 확정되었고 환경문화단체를 만들기로 마음먹는 계기가 되었다.

끊임없는 도전을 하다 보니 다양한 환경인을 만나게 되고 그들과 함께 환경문화를 만들기로 마음먹었다. 지금은 미미하지만 우리의 환경

환경문화를 만드는 환경 크리에이터 지구관찰자

문화는 반드시 꽃을 피워 열매를 퍼트릴 것이다. 나는 그날까지 지구관찰자로서 크리에이팅을 지속적으로 할 것이며 그 자리를 지킬 생각이다.

손미희

일상을 통해 지구를 관찰하고 기록하며 환경콘텐츠를 창작하는 환경문화창작자. 보건 분야 직장인에서 환경 분야 프리랜서로 전향해 대학원에서 환경교육을 전공했다. 현재는 지역의 환경인들과 환경문화단체 〈초록이음―환경문화연구소〉를 설립하여 콘텐츠 개발, 교육, 연구, 프로젝트를 기획·운영하며 활발히 활동 중이다.

🌱 환경 크리에이터는

환경 크리에이터는 환경보호와 지속가능성에 대한 인식을 높이기 위해 다양한 콘텐츠를 제작하는 직업입니다. 이들은 블로그, 소셜 미디어, 유튜브, 팟캐스트 등 다양한 플랫폼을 통해 환경 관련 정보를 공유하고, 사람들에게 지속가능한 삶의 방식을 제안합니다. 주로 환경 문제에 대한 인식 제고, 에코 라이프스타일, 재활용 및 자원 절약 방법, 친환경 제품 소개 등을 다룹니다.

🌱 환경 크리에이터가 되기 위한 준비과정

전문 지식 습득

환경 문제, 생태학, 지속가능한 발전 등에 대한 기본 지식을 쌓습니다. 관련 전공 과정을 이수하거나, 환경 관련 자격증을 취득하는 것도 좋은 방법입니다.

콘텐츠 제작 기술 연마

사진, 비디오 촬영 및 편집, 글쓰기, 그래픽 디자인 등 다양한 콘텐츠 제작 기술을 습득하고 연습합니다. 이러한 기술은 효과적으로 메시지를 전달하기 위해 필요합니다.

온라인 플랫폼 활용

자신의 콘텐츠를 공유할 플랫폼을 선택합니다. 블로그, 유튜브 등 다양한 소셜 미디어 플랫폼의 특성을 이해하고 활용하는 법을 익힙니다.

환경문화를 만드는 환경 크리에이터 지구관찰자

네트워킹

다른 환경 크리에이터, 환경단체 및 전문가들과의 네트워킹을 통해 조언받고 협력할 기회를 찾습니다. 각종 환경 포럼이나 행사에 참여하는 것도 방법입니다.

환경 크리에이터 전문가로 성장하려면

지속적인 학습

환경 문제는 동적인 문제이므로, 계속해서 최신 정보를 습득하고 전문성을 높입니다. 관련 세미나, 워크숍, 온라인 강의 등을 통해 지속해서 기능을 개발합니다.

피드백 수용

제작한 콘텐츠에 대한 피드백을 받아들여 개선합니다. 관객의 반응을 분석하고, 효율적인 소통 방법이나 주제를 발전시키는 데 활용합니다.

전문 분야개발

특정 분야(예: 기후변화, 플라스틱 오염, 지속가능한 농업 등)에 집중하여 해당 분야의 전문가로 자리 잡습니다. 이를 통해 더 깊이 있는 콘텐츠를 제공할 수 있습니다.

다양한 포트폴리오 구축

다양한 형태의 콘텐츠를 제작하여 포트폴리오를 확장합니다. 이는 자신의 전문성을 보여주는 좋은 방법입니다.

🌱 평범한 크리에이터의 지구하기

지속가능한 삶의 실천

개인적인 삶에서 친환경적인 선택을 실천하여 사람들에게 모범을 보입니다. 이러한 경험을 콘텐츠로 공유함으로써 인사이트를 제공합니다.

환경 관련 주제 도모

일반적인 콘텐츠에서도 환경 문제를 다루어, 팔로워들에게 인식을 높이는 데 이바지할 수 있습니다. 예를 들어, 친환경 제품 논평, 지속가능한 패션 아이디어 등을 소개하는 것입니다.

캠페인 참여 및 홍보

환경 관련 캠페인이나 이벤트에 참여하고, 이를 자신의 플랫폼에서 홍보하는 방법도 있습니다. 여러 단체와 협력하여 더 넓은 범위로 메시지를 전달할 수 있습니다.

트렌드 조사 및 콘텐츠 제작

지속가능성과 관련된 최신 트렌드를 조사하고, 이를 기반으로 콘텐츠를 제작하여 더 많은 사람에게 접근할 기회를 만듭니다.

지속가능성을 위한 제안서

환경문화를 만드는 환경 크리에이터 지구관찰자

생태치유,
자식사랑으로 시작하다

#환경 #지속가능한농업 #마스터가드너 #원예작물
#토양 #GAP #도시농업 #명상 #지구별 농장 #원예치료
#가로수 #미각 #치유농업 #호스피스 #산림치유
#맨발산책로 #생태텃밭 #비폭력대화 #독서심리

산림치유지도사
신영숙

Q. 어떤 계기로 환경인이 되셨나요?

A. 아이의 난치병이 시작된 원인을 고민하던 중, 임신 전 페놀 사건을 계기로 먹거리와 일상생활에서의 건강을 생각하게 되었고, 자연환경에 관심을 가지게 되었습니다. 물놀이를 하던 자연 하천이 신도시 개발로 인해 악취가 나고 쓰레기로 오염되는 것을 걱정하다가 행동으로 옮겨 하천 청소와 감시에 동참했습니다. 집 앞의 10년 넘은 양버즘나무 제거 작업을 주민들과 함께 막아내며, 큰 가로수는 새들의 보금자리가 되었고, 하천은 물새들과 아이들의 놀이터가 되었습니다.

아이들 통학로 확보 등 환경이 아이를 건강하게 성장시킬 것이라는 믿음으로 환경을 보호하는 활동에 참여하였습니다. 먹거리를 위해 자연주의 농업을 시작하였고, 환경과 조경 공부를 하게 되었습니다. 현재는 엄마와 아이가 행복해지는 치유 전문가로서 환경보호 활동을 하고 있습니다.

Q. 주로 어떤 일을 하시나요?

A. 저는 자연의 다양한 원리와 상호작용을 활용하여 개인과 집단에게 치유를 제공합니다. 사람들은 자연과 조화롭게 살며, 자연에서 얻을 수 있는 심리적, 정서적, 신체적인 이점을 최대한 누릴 수 있습니다. 바람, 빛, 피톤치드, 음이온, 소리, 흙, 나무, 꽃, 곤충, 동물들이 우리를 행복하게 만들고 치유할 수 있다고 믿습니다. 이러한 믿음을 바탕으로 농업, 산

생태치유, 자식사랑으로 시작하다

림, 도시농업 등의 다양한 방법을 통해 치유를 전달하는 역할을 맡고 있습니다.

산림치유지도사로서, 자연의 힘을 활용하여 사람들의 건강을 돌보고 치유합니다.

호스피스 병동 원예 치료사로 활동하며, 원예를 통해 환자들에게 심리적 위안을 제공합니다.

대학교 교수로서 치유 농업을 가르치며, 학생들에게 지속가능한 농업과 치유 방법을 전수합니다.

저는 이러한 다양한 역할을 통해 사람들이 자연과 더불어 행복하고 건강하게 살아갈 수 있도록 도우며, 치유의 중요성을 알리고 있습니다.

Q. 지속가능성에 어떻게 기여하고 있나요?

A. 저는 환경보호와 지속가능한 농업을 실천하며, 학생들과 주변 사람들에게 이를 알리고 있습니다. 작은 농장에서 시작한 실천은 자연과 토양, 수질을 보호하는 지속가능한 농업으로 이어지고 있습니다. 이러한 활동을 통해 지구 생태계를 보존하고 복원하는 데 기여하고 있습니다.

또한, 치유활동을 통해 자연과 사람, 환경의 조화로운 관계를 유지하며, 건강한 신체와 행복한 사회를 만들고자 합니다. 이러한 비폭력적인 삶의 중요성을 학생들과 함께 경험하고 있으며, 지속가능한 농업을 전파하고 있습니다.

신영숙

Q. 나의 지속가능한 삶을 한마디로?

A. 지구별에서 자연과 사람이 행복하게 공존하는 것입니다.

생태치유, 자식사랑으로 시작하다

다섯 살 바다의 재활 여정

   내 아이 바다는 다섯 살 '모야모야병(Mouamoua disease)'으로 두 번의 큰 수술을 받고 나서, 몸과 마음이 많이 지쳐 있었다. 수술 후 몸의 통증과 움직일 수 없는 팔과 다리는 무겁기만 했다. 병실에서 누워만 있어야 하는 바다의 재활 운동은 쉬운 일이 아니었다. 매일 치료와 물리치료 운동을 해야 했지만, 다섯 살 아이가 이겨내기는 힘들었을 테다. 갑자기 마비가 온 팔과 다리, 누구도 바다의 마음속 깊은 아픔을 완전히 이해할 수도 없었다.

   병실 창밖으로는 공원의 놀이기구들이 돌아가고 있었다. 때로는 함성 소리가 들려오는 듯했다. 통증이 올 때마다 놀이공원에 갔던 이야기를 하고 놀이공원을 그림으로 그리는 놀이를 하면서 "우리 퇴원하면 언니들과 놀이공원에 가서 놀자"고 약속했다. 간절한 마음으로 도장을 찍고 엄마와 함께 놀이공원에 가겠다는 약속을 붙잡고 바다는 매일 조금씩 몸을 움직였다.

   바다는 재활병동을 들어서면 아픔에 눈물을 보이며 떼를 부리고, 굳은 근육을 풀어낼 때는 아프다고 투정을 부리고, 돌아서 올 때는 고사리 같은 손을 흔들며 웃어주고는 놀이공원에서 신나게 뛰어놀 모습을 상상하며 희망을 가졌다. 놀이공원에는 무지개색의 많은 꽃과 귀여운 동물들의 조형물들이 귀엽게 있었기 때문이었다. 바다는 병원보다는

신영숙

자연 속에서 놀고 싶어 했다.

바다는 몸을 움직이는 것이 힘들었지만, 휠체어를 타고 병동 밖으로 나가자고 했다. 병동 안에서도 사람들과 만나고 인사 나누며 병실마다 다니기를 좋아했다. 녹음이 우거진 병원 정원에서 자연의 소리와 향기를 느끼며, 자연이 주는 평온함을 만끽하는 것을 좋아했다.

간호사 언니들과 병실의 환자들에게도 인사를 나누며, 자연 속에서 행복을 찾는 멋진 꼬마 아가씨였다. 바다는 자신이 자연과 사람들에게 선사하는 미소와 따뜻한 밝은 인사소리로 주변을 밝게 비추는 존재가 되었다.

두 발로 설 수 있을 때 집으로 돌아온 바다는 아이들이 노는 소리에 놀이터로 가고 싶어 했다. 발과 다리에 힘이 없는 바다는 신발을 신으면 벗겨지는 상황이라 "바다야 신발을 벗고 놀자."라고 했다. 신발을 벗고 하얀 맨발로 바다가 처음 땅에 발을 디딜 때는 마치 아기처럼 모든 것이 낯설고 무서웠을 것이다. 그러나 신기하고 설레는 바다의 마음은 모래의 새로운 세계에 발을 들여놓는 탐험가의 설렘과 같았다.

발끝에 닿는 바람과 햇살은 바다의 발을 밝게 비춰주었고 모래의 간지러움과 따뜻함이 느껴졌다. 처음 닿는 뾰족한 작은 돌들이 아프겠다는 느낌은 보드라운 모래가 감싸주었다. 처음 모래 위를 서서 몸을 움직이는 것은 무척 힘들었다. 조금씩 아주 조금씩 모래 위에서 균형을 잡아갔다.

생태치유, 자식사랑으로 시작하다

바다는 매일 한 걸음씩 내디디며 점차 자신감을 얻어갔다. 아기들이 걷기 위해 넘어지고 다시 일어서는 것처럼, 바다도 끊임없이 도전해 갔다. 온몸에 멍이 들도록 넘어지면서도, 직립보행을 하기 위해 헬멧을 쓰고 다시 일어나 걷기를 연습했다.

그 과정에서 바다는 어린 식물이 땅에 뿌리를 내리고 찬바람과 뜨거운 햇빛을 이겨내며 자라는 모습을 아빠가 이야기해 줘서 알게 되었다. 마치 그 어린 식물처럼, 바다는 땅에서 일어서는 힘을 배워갔다. 바다의 노력이 그 작은 걸음 하나하나에 담겨 있었고, 그 힘은 결국 바다를 더 강하게 만들었다.

바다는 놀이터에서 발과 다리의 힘을 얻게 되고 놀이터에서 노는 시간이 많아졌다. 놀이터에서 자유롭게 뛰어놀 수 없었던 바다였지만, 놀이터에 놀고 있는 친구들과 웃고 소리치는 것도 행복한 시간이었다.

집에 돌아오면 바다는 자연과 하나가 된 베란다로 발걸음을 옮겼다. 매일 아침 부지런히 귀를 당겨 털을 고르며 자신을 꾸미는 미니 토끼 하얀 히딩크, 그리고 작은 친구들인 소라게와 거북이가 바다를 따뜻하게 맞아주었다. 거북이는 느리게 움직이면서도 그 어느 곳도 놓치지 않고 천천히 걸어가고 있었다. 거북이는 천천히 움직이지만, 그 느린 걸음은 어디든 걸어갔다. 나도 거북이처럼 천천히, 하지만 꾸준히 나아가야겠다고 바다는 마음먹었다. 나와 남편은 베란다의 거북이 친구를 보며 '재활은 급하게 가지 말고, 자연처럼 꾸준히 나아가는 것이

신영숙

중요하단다.'라고 바다에게 속삭여 주었다.

바다의 집 앞에는 하천과 야산이 있었다. 바다는 자연을 탐험하며 매일 새로운 곤충을 살펴보며, 꽃들을 찾아내고 자연의 아름다움에 빠져들었다. 그때마다 바다는 작은 발견이 주는 기쁨에 감사했다. 작은 꽃들을 모아 내게 선물하기도 했다. 그 힘은 바다의 재활을 계속해 나가게 했다.

일주일에 세 번, 대학병원 재활병동 가는 길이 싫었지만 재미있는 시간이라고 생각했다. 시내로 가는 버스에서 바다가 사람을 만나고 창밖을 보며 세상 구경을 할 수 있는 시간이었기 때문이었다.

"엄마, 저기 하늘에 토끼가 있어요."

바다는 신기한 것들을 발견하면 엄마에게 이야기했다. 버스에서 내려 병원으로 가는 길에는 맛있는 냄새가 나는 도넛 가게와 붕어빵 아저씨도 만날 수 있었다. 고소한 냄새를 맡으면서 붕어빵 아저씨에게도 인사를 건넸다. 바다는 병원을 향해 걸어가는 길이 마치 숲속을 걷는 것 같다고 했다. 예쁜 꽃들이 바람에 살랑거리고 나비와 벌들이 꽃잎 위에서 춤을 춘다고. 바다는 꽃들에게도 인사하고 개미를 찾아내 안부를 물었다.

바다는 응원해 주는 병원 천사들의 사랑으로 힘든 시간을 이겨내고 중학생이 될 때까지 재활 운동을 다녔다.

생태치유, 자식사랑으로 시작하다

성장하는 바다와 엄마

바다의 재활은 끝나지 않았다. 꾸준히, 그리고 믿음으로 나아가는 것이었다. 바다에게 가장 큰 선물은 자연의 치유력과 그 속에서 만나는 친구들이었다. 바다는 조금씩 자기 길을 찾았고, 태권도를 배우고 몸에 근육이 오르면서 자신감이 생기고 조금씩 매일 성장했다. 장애인 태권도 대회에서 만난 의족을 한 분들을 보고, 바다는 작은 걸음 하나하나를 소중히 여기고 손의 움직임 하나도 소중하게 생각했다.

엄마도 자연과의 만남을 통해 새로운 길을 열기 시작했다. 아픈 아이를 돌보는 과정에서, 엄마는 자연의 힘이 얼마나 크고 소중한지 깨달았기 때문이었다. 처음에는 바다의 재활을 돕기 위해 작은 정원에서 식물을 키우기 시작했고, 바다가 좋아하는 동물을 키우고 예쁜 색의 꽃과 잎을 가진 식물과 나무를 돌보며 자연의 힘을 느꼈다.

자연은 우리에게 큰 선물을 준다는 믿음, 바다와 함께 한 자연과의 오랜 만남을 통해 엄마는 마침내 환경운동가가 되어 갔다. 아이와 함께 자연을 돌보며, 자연 속에서 힘을 얻고 치유를 느꼈으니까. 그런 경험은 엄마에게 큰 변화를 일으켰고, 이제는 자연을 사랑하는 사람이 되어 그 힘을 나누고 싶다는 마음이 생겼던 것이다.

엄마는 일주일에 두 번 이상 봉사활동을 나갔다. 사람들과 함께 식물로 이야기 나누고 웃고, 식물의 힘을 함께했다. 그중에서 뇌성마비

신영숙

장애가 있는 분들과의 만남은 엄마에게 큰 의미가 있었다.

그들은 웃음과 유머를 나누어 주었고, 서로를 챙겨주었다. 엄마에게는 응원과 위로로 큰 힘을 주었다. 바다도 방학이면 엄마와 함께하는 봉사에 동참하여 그들과 같이 활동했다. 또한 엄마는 요양병원 어르신들과 식물을 길렀다. 요양병원의 식물은 어르신들에게 추억을 불러주었고, 기다림과 배려를 알려주는 도구가 되었다. 봉사활동을 통해 엄마는 자연의 치유력이 사람들에게 얼마나 큰 영향을 미치는지 깨닫게 되었다. 특히 호스피스 봉사는 엄마에게 중요한 깨달음을 주었다. '영원히 아이 옆에서 지켜줄 수 없다.'라는 사실을 받아들여야 했고, 바다가 스스로 자연과 함께 성장하는 독립적인 존재가 되어야 한다는 것을 알게 했다.

그런 깨달음 이후, 커다란 숲은 엄마에게 마음의 평화를 가져다주는 신성한 공간이 되었다. 엄마는 그 숲을 단순한 장소가 아니라, 자연이 주는 치유의 힘을 경험하는 곳으로 여겼다. 바다를 걱정하고 불안해하는 엄마는 이제 강인한 믿음과 긍정의 에너지를 지닌 사람이 되었다. 엄마는 바다를 위해 기도하며, 숲이 가진 치유력을 사람들에게 전하고자 산림치유지도사가 되었다. 이제 엄마는 숲에서 피어나는 치유의 에너지를 사람들과 나누며, 그들에게도 평화와 회복을 안겨주고 있다.

엄마는 숲속에서 느낀 치유의 힘을 통해 새로운 삶의 의미를 찾았

생태치유, 자식사랑으로 시작하다

고, 그 에너지를 모두에게 전달하며 숲과 사람을 연결하는 다리 역할을 하고 있다. 엄마의 기도와 사랑은 숲의 녹음처럼 깊고 풍부하게 번져나가고 있다.

치유 숲은 해발 일천 미터 고지에서 내려와 오백 미터 이상의 중산간 지역에 위치하고 이곳의 기후는 도시에서 볼 수 없는 경험을 선사했다.

치유 숲의 봄은 마치 자연이 펼치는 아름다운 교향곡 같았다. 고요한 백색소음 속에서 가끔 들려오는 고라니의 소리와 어딘가에서 숨바꼭질하는 듯한 봄꽃들의 향연이 마음을 설레게 했다. 나뭇가지마다 브로콜리의 연둣빛 새싹이 돋아나는 모습은 새로운 시작의 희망을 느낄 수 있었다.

여름이 오면 숲은 더욱 풍성하고 강렬해졌다. 장마로 불어난 계곡물의 우렁찬 소리와 짙은 녹색 나무들 사이로 반짝이는 햇살들은 마치 숲이 살아 숨 쉬는 보석 느낌을 주었다. 숲의 그늘에서 한껏 휴식을 취하며 여름의 활기를 만끽할 수 있었다.

가을이 되면 숲은 풍요로움으로 가득 찼다. 나무들은 주홍, 붉은색, 노란색의 단풍으로 옷을 갈아입고, 바람에 살랑이는 낙엽은 마치 화려한 꽃들을 보는 듯했다. 산림은 다양한 간식거리들을 제공하며, 숲속 동물들과 함께하는 축제 같은 느낌을 주었다.

겨울이 찾아오면 숲은 고요해졌다. 밤사이 차가운 바람이 낙엽들을

신영숙

모아 와 숲길을 가로막고, 눈이 내리며 숲은 잠시 문을 닫은 듯했다. 이월의 눈은 일주일간 계속되어 눈 청소를 하게 만들기도 했지만, 그 속에서도 자연이 주는 경이로움을 느낄 수 있었다. 새하얀 눈 덮인 숲은 고요하고 숙연하게 만들어주었다.

공부에 지친 엄마를 안아주는 큰 나무에 기대어 쉴 때면, 거친 수피에서 할머니를 느낄 수 있었다. 그 품에 안겨 편안히 휴식을 취하는 것이 얼마나 행복한 품인지.

'바다가 행복하고 건강해 감사합니다.'

엄마는 숲을 찾을 때마다 마음으로 기도했다.

숲의 바람은 엄마의 행복을 감싸주었고, 치유 숲을 찾은 사람들에게도 전달했다. 바다에게도 건강하고 행복한 기운이 맴돈다.

바다는 아직 세상에 도전 중이다. 장애를 가졌지만, 비장애인들과 다름없이 업무수행을 하고 있다. 바다에게 언제나 힘이 되었던 자연 덕에 어떤 조건에서도 내적 확신을 가진다. 어린 나이지만 큰 상처를 가져 보았기에 바다는 나무처럼 새들의 보금자리도 되고, 그늘도 만들어 준다. 그렇게 바다와 엄마는 깊게 뿌리내린 우뚝 선 나무가 되어 살아갈 수 있게 되었다.

수관기피, 서로의 영역을 침범하지 않는 나무들

산림치유지도사로서 지속가능한 삶을 살고자 한다면

먼저 신체적 · 정신적 건강을 유지하는 것이 중요하다. 이를 위해서는 자연과 산림을 체험하며 건강과 균형을 유지하려고 노력해야 한다고 생각한다. 규칙적인 휴식과 산림치유 체험을 통해 에너지를 충전하는 것이 중요하며, 자연 속에서 시간을 보내면서 자연의 변화를 관찰하고 자기 감각을 알아보는 것도 큰 도움이 된다.

친환경적인 생활 습관을 실천하는 것도 중요하다. 지역 커뮤니티와

신영숙

협력하여 사회적 가치를 실현하고, 푸드 마일리지를 고려하여 지역에서 생산된 식품을 우선으로 소비함으로써 지역 경제와 환경을 보호하는 것도 좋은 방법이다. 지속가능한 삶을 위해서는 친환경적인 생활 습관을 통해 자연을 보호하고, 사회적 가치를 실현하는 것이 중요하다. 신체적·정신적 건강을 챙기고, 자연의 치유력을 경험하며 균형 있는 삶을 유지하려는 노력도 필요하다고 본다.

이러한 원칙들을 지키며, 산림치유지도사로서 실천한다면, 자연 속에서 치유와 안정을 제공하는 역할을 충실히 할 수 있을 거라고 믿는다. 건강과 균형을 유지하며, 자연의 치유력을 사람들과 나누는 것은 그 자체로도 큰 의미가 있을 테니까.

신영숙

아이가 아프게 된 이후, 건강을 위해 농학을 다시 공부하며 지속가능한 농업을 실천하고 있다. 환경조경학과 석사 과정에서는 호스피스 병동의 원예 요법을 연구하였으며, 박사 과정에서는 맨발 걷기 및 맨발 산책로 연구를 통해 자연과 사람을 연결하였다. 이를 바탕으로 대학교에서 자연치유와 심신의 회복을 위한 융합적인 접근법을 제시하는 치유 전달자로서 활동하고 있다.

생태치유, 자식사랑으로 시작하다

🌲 산림치유지도사는

산림치유지도사는 자연환경을 활용하여 개인의 정신적, 신체적 건강을 증진시키는 역할을 하는 전문가입니다. 이 직업은 산림욕, 자연체험, 그리고 다양한 치유 프로그램을 통해 사람들에게 스트레스 해소와 심신 안정, 그리고 웰빙을 지원합니다. 산림치유는 최근 여러 연구를 통해 심리적 안정 및 면역력 증진에 효과적임이 입증되면서, 이 직업의 중요성이 더욱 두드러지고 있습니다.

🌲 산림치유지도사를 위한 준비과정

기초 교육

산림치유지도사가 되기 위해서는 생태학, 환경과학, 심리학, 상담학 등의 배경지식이 필요합니다. 관련 전공으로는 산림과학, 원예학, 조경학, 생태학, 환경과학, 심리학, 상담학, 보건학 등의 등을 고려할 수 있습니다.

전문 교육

산림치유지도사 전문 교육 과정을 수료해야 합니다. 한국에서는 관련 기관에서 이론과 실습을 교육 프로그램을 받고 자격증 통해 자격을 취득할 수 있습니다.

현장 경험

실제로 자원봉사나 인턴십을 통해 산림치유 현장에 참여해 보는 것이 중요합니다. 현장에서 다양한 사람들과 소통하고 그들의 필요를 이해하는 경험이 큰 도움이 됩니다.

신영숙

지속적 교육 및 연구

전문성을 높이기 위해 관련 세미나, 워크숍, 그리고 학술 대회에 참가하고 최신 연구 결과를 습득하는 것이 좋습니다.

🌾 산림치유 전문가로 성장하려면

자격증 취득

다양한 자격증을 취득하여 경력을 쌓고 전문성을 높이는 것이 중요합니다. 예를 들어, 심리상담사, 자연치유사 등과 같은 관련 자격증도 좋습니다.

네트워킹

산림치유, 생태교육, 환경보호 분야의 전문가들과의 네트워킹을 통해 정보 공유 및 협력을 강화합니다.

자기 계발

리더십 교육, 커뮤니케이션 스킬, 그룹 상담 능력 등을 지속해서 개발하여 더욱 효과적인 프로그램을 디자인하고 운영할 수 있습니다.

연구 및 기여

산림치유의 효과를 입증하는 연구 및 프로그램 개발에 참여하여 학문적 기여를 이룰 수 있습니다.

생태치유, 자식사랑으로 시작하다

평범한 산림지도사의 지구하기

생태교육 통합

산림치유 프로그램에 지속가능한 발전과 생태교육 요소를 포함해 참가자들에게 환경의 중요성과 지구에 대한 책임감을 심어주어야 합니다.

지역사회 참여

지역 주민과 협력하여 산림의 보존과 재생을 위한 프로젝트를 추진하고, 지역사회의 생태적 필요를 충족시키는 프로그램을 강화하는 것이 중요합니다.

에코 시스템 관리

자연을 보호하고 회복시키는 방법에 대해 적극적으로 연구하고 실천함으로써, 산림 지역의 생태계를 지속가능하게 유지하는 것에 이바지할 수 있습니다.

사회적 인식 제고

대중과 소통하여 산림과 자연의 가치를 널리 알리고, 이를 통해 환경보전의 중요성을 강조하여 지역사회의 지속가능한 발전에 이바지할 수 있습니다.

지속가능성을 위한 제안서

신영숙

초등쌤, 십년지우로
환경과 벗하다

#초등교사 #환경적관점 #자기환경화 #ESG학급경영

#자기브랜드화 #학생주도 #마을연계환경교육

#글로컬 #지속가능성

환경이야기
햇귀쌤
해돋이 때 처음 비치는 햇빛

초등교사
심정은

Q. 어떤 계기로 환경인이 되셨나요?

A. 초등교사를 꿈꾸며 교대에서 수업을 듣던 중 야생화 표본 만들기 과제를 받았습니다. 야생화를 찾아다니다 보니 들에 핀 작은 생명 모두에게도 이름이 있다는 걸 알게 되었어요. 그렇게 환경에 관심이 생겨 학교로 발령을 받자마자 야생화와 관련한 활동을 다양하게 시도했답니다. 하다 보니 아이들의 반응이 좋아 더욱 즐겁게 하게 되더라고요. 그러다 선택한 교원대 대학원 파견근무 이후로는 환경교육 전공자로서 좋은 환경 수업에 대해 고민하게 되었습니다.

Q. 주로 어떤 일을 하시나요?

A. 초등학교의 담임교사는 한 학급의 수업과 생활지도를 함께 수행합니다. 주로 환경을 주제로 교육과정을 재구성하거나 새로운 프로젝트형 수업을 개발해요. 그리고 학생들이 학교에서 생활하는 동안 자연스럽게 지구생태계의 어엿한 구성원이 되는 연습을 할 수 있도록 돕습니다. 기후위기에 대응하는 지속가능한 삶의 역량과 일상의 습관을 기를 수 있도록 지도하지요. 환경교육을 통해 학생들이 지속가능성의 가치를 배우고 삶에서 실천하도록 이야기해 줍니다. 제자들과 희망적인 미래를 꿈꾸기 위해 환경 동화 등을 집필하기도 하고요. 또 환경교육을 시작하고자 하는 선생님들에게 여러 환경 수업 사례를 나누고 그동안의 경험을 바탕으로 환경 교육과정을 개발하고 운영하는 방법을 강의하고 있습니다.

초등쌤, 십년지우로 환경과 벗하다

Q. 지속가능성에 어떻게 기여하고 있나요?

A. 교육은 사람의 인식을 변화시킬 수 있고 보다 나은 사람으로 성장하도록 돕습니다. 지금까지 인류가 살아온 삶은 환경의 가치보다 경제적 발전을 앞에 두었어요. 우리가 지금의 편리함을 위해 필요 이상의 욕구를 채워왔다면 환경교육을 통해 지금까지 자기의 삶을 성찰하고 앞으로 어떻게 살아가야 할 것인가를 생각하게 해야 합니다. 특히 환경교육은 우리도 생태계의 한 요소로서 지구의 모든 생명과 조화롭게 살아갈 수 있는 바른 가치관을 갖게 도울 수 있어요. 진짜 지속가능한 미래를 만들어가기 위해 제대로 된 환경교육은 꼭 필요한 일이라고 생각합니다.

Q. 나의 지속가능한 삶을 한마디로?

A. 환경교육을 꾸준히 즐기는 교사, 지속가능한 삶의 계기를 선물하는 선생님

심정은

햇귀
해돋이 때
처음 비치는 햇빛

햇귀는 '해돋이 때 처음 비치는 햇빛'의 옛말로 우리 학급의 모든 아이가 세상에 가장 필요한 햇살이 되기를, 어둠을 밀어내고 세상에 맨 처음 빛 한 자락을 던져주는 사람이 되길 바라는 마음이 담긴 학급의 별칭이자 사랑하는 제자들의 애칭이다. 나는 올해로 23년 차 햇귀마을의 촌장 '햇귀쌤'이다.

세상을 시끄럽게 했던 코로나19로 아직 마스크를 쓰던 겨울, 창밖에는 며칠 따뜻했던 날씨에 감을 잃었는지 겁 없는 목련 몇 송이가 안쓰럽게 피었다. 책상 위 달력을 보니 어느덧 종업식이 코앞이다.

"딩동댕동—"

수업을 시작하는 벨이 울리고, 왁자지껄했던 쉬는 시간이 끝났다. 우당탕! 아이들은 요란한 소리를 내며 제 자리를 찾아간다. 한 해 동안 나와 합을 맞춘 햇귀들은 이제 잔소리 없이도 곧잘 제 할 일을 잘하고 있다.

아직 쉬는 시간의 여운이 남은 몇몇 친구의 키득거리는 소리는 못 들은 척해준다.

"야, 빨리 들어와!"

막 수업을 시작하려는데, 교실 뒤편이 여전히 소란하다.

"잠깐만!"

무엇을 하고 있는지 고집스럽게 뒤에서 버티고 서 있는 친구와 빨리 들어오라고 재촉하는 짝꿍의 실랑이가 쉽게 끝나지 않았다.

"무슨 일이니? 왜 안 들어오고 그러고 있어?"

"이것만 하고요!"

무얼 하느라 그러는 걸까? 힘을 쓰느라 한껏 찡그린 얼굴이 안쓰러울 지경이다. 시선을 따라 내려가니 아이의 손에 들린 다 쓴 소독 티슈가 눈에 들어온다. 그제야 아이가 서 있는 곳이 재활용함 앞이라는 걸 알아차렸다. 버티고 있던 아이는 휴대용 소독 티슈 통에 붙어 있는 플라스틱 뚜껑을 분리하기 위해 애를 쓰고 있었던 게다.

'저 녀석은 나와 헤어지더라도 물티슈 뚜껑만큼은 잘 분리해서 버리겠구나!'

흐뭇함이 밀려왔다. 교육의 결과는 명징하게 보이지 않는다. 하지만 생각지도 못한 이 순간처럼 선물처럼 보일 때가 있다. 서둘러 핸드폰을 들어 기특한 순간을 남겨두었다. 코로나19로 인해 들쭉날쭉 우왕좌왕하던 한 해를 보내는 동안에도 힘들다 버겁다 투덜대면서도, 결국 환경교육을 버무린 학급 운영을 놓지 못

재활용함 앞에서 플라스틱과 씨름하는 중

심정은

했던 고생스러움이 한순간에 날아가는 순간이었다.

상황을 간단히 설명하자면 이렇다. 코로나19로 짝도 없이 학교생활을 해야 했던 아이들은 매일 하교할 때마다 소독 티슈로 자기 자리를 닦아야만 했다. 깔끔한 녀석들은 쉬는 시간마다 책상이며, 필통이며 여기저기를 닦았다. 그렇게 매일 소독 티슈를 써대니 다 쓴 통을 버리는 일도 많아졌다.

매번 품을 들여야 하는 일. 물티슈에 붙은 플라스틱 뚜껑을 떼 본 사람은 알겠지만, 고사리 같은 2학년 아이의 손으로 이를 분리해 내는 일은 꽤 어려운 일이다. 선생님이나 친구에게 도움을 청하는 아이도 많았다. 누군가는 굳이 애를 써 떼어낼 필요를 느끼지 못해서, 또는 귀찮아서 쓱 버리고 오기도 했다. 덕분에 나는 '가르치면 뭐 하나?'하는 씁쓸한 기분으로 교실 쓰레기통을 뒤져 종종 플라스틱 뚜껑을 떼어내야 했다.

그러니 모두가 풀어지는 학년말, 분리배출을 제대로 하겠다고 끙끙대는 아이의 모습이 얼마나 사랑스러웠겠는가?

숨을 쉬듯 자연스럽게 환경 이야기를 만나고 저도 모르게 많은 것들이 변하는 곳, 내가 사랑하는 햇귀마을이다.

햇귀마을의 학급 특색은 늘 환경이 주제이다. 첫 제자들과의 만남에서부터 시작된 일이지만 처음부터 작정하고 환경교육을 하고자 했던 것은 아니다. 나는 그저 성실한 학생이었을 뿐.

예비 교사로서 마지막 해, 어느 교수님의 과제 덕으로 우연히 야생화를 만났다.

"식물 표본을 만들어 제출하세요."

식물 표본 제작은 한 학기 내내 수행해야 하는 과제였다. 학점을 이수하려면 식물을 채집해야 했다. 어째서인지 채집활동이 내키지 않았던 나는 도감용 사진으로 대체할 수 있다는 이야기에 바로 카메라를 들었다.

그렇게 사진을 찍기 위해 발을 멈추고 키를 낮추어 들여다보고서야 알게 되었다. 내 주변에서 피고 졌던 많은 어린 시절의 점들에도 저마다 이름이 있다는 것을. 이름을 알게 되니 발밑에 보이지 않던 작은 생명들이 보였다. 참 묘한 일이었다. 신기한 마음에 야생화 도감을 들고 여기저기 출사를 다녔다.

이름을 모를 때는 비슷하게 보이던 풀꽃도 이름을 알게 되었다는 이유만으로 독특한 생김새를 드러내었다. 이름을 알게 되자 그들은 일개 잡초가 아닌 꽃이 되었고, 자주 마주치다 보니 작은 실수로라도 밟고 싶지 않은 귀한 생명이 되었다. 주변을 둘러싼 작은 생명에 눈을 뜨는 순간이 내게도 찾아온 것이다.

'아는 만큼 보인다'를 체감하고 나서야 그동안 미처 궁금해하지 못한 것들과 마주했다. 저마다 이름을 가진 수많은 야생화, 깨진 바위틈에서도 피어난 야생화, 누가 보지 않아도 묵묵히 저마다의 몫만큼만 생을 살아가는 야생화, 가르쳐주지 않아도 제 계절에 피어나는 야생화, 공존을 위해 제 영역을 기꺼이 나누는 야생화. 무지했기에 궁금해할 수도 없었던 것들. 야생화 덕분에 작은 생명들의 이야기가 궁금해졌다.

야생화를 십년지우로 삼게 해준 인연들

첫 교생실습의 인연, 멘토 선생님의 질문.

"선생님은 10년 후 꿈이 뭐예요?"

이미 초등교사의 길에 들어선 교생에게 어떤 의도로 질문을 하신 건지, 처음 질문을 받고서는 어리둥절할 수밖에 없었다.

아주 조용한 성품으로 기억되는 첫 멘토 선생님은 마흔이 다 되셔서 서예를 시작하셨다고 했다. 처음 붓을 들었을 때는 '육아로 지친 몸과 마음을 다스리기 위한 작은 취미였을 뿐이었다'라고 말씀하시며 가만히 웃으셨던 게 지금도 기억이 선명하다. 그런데 즐거움을 위한 취미활동을 10년 가까이하니 붓글씨를 잘 지도하는 선생님으로 소문이 났단다. 찾는 이들이 많아지고, 개인 전시회까지 열게 되면서 한 분야의 전문가로서 자부심을 느끼게 되었다는 인생 경험을 나눠주셨다. 그러면서 멘티 교생들에게 당부하셨다.

"선생님이 즐거운 하나를 취미생활로 꾸준히 10년만 해보세요.
그러면 분명 그 분야에서 무언가를 이룰 수 있을 거예요.
지금 시작하시면 30대 초반에는 한 분야의 전문가가 되어 있겠네요."

10년 동안 하고 싶은 일을 꾸준히 함으로써 얻어지는 특별함. 내가 좋아하는 무언가를 즐겼을 뿐인데, 어떤 분야에서든 무언가를 이룰 수 있다고? 즐거운 시간이 쌓여 30대에 전문가로 인정받는다고? 쉽게 상상되지는 않았지만 정말 멋진 일이었다.

교생실습이 끝난 후로도 첫 멘토 선생님의 조언은 큰 울림으로 마음 깊이 자리 잡았다. 마음을 두드린 울림을 더 오래 잡아두기 위해 '십년만큼 긴 시간을 함께할 친구'라는 뜻의 '십년지우'로 삼을 취미활동을 찾아보기로 했다. 동생에게 소금쟁이란 별명을 얻을 만큼 이것저것 해보기를 좋아했던 나에게는 큰 변화가 아닐 수 없었다.

야생화 출사 동호회를 찾아간 것도 그 연장선 중 하나였다. 하고 싶은 건 우선 해보자는 마음으로 당시 유행했던 인터넷 동호회에 가입했다. 설렘을 안고 참석한 첫 모임, 천마산 출사는 그렇게 시작되었다.

4월의 천마산은 야생화 천국이었다. 한 걸음을 뗄 때마다 수많은 야생화들이 사람들을 반겼다. 이름도 생소한 얼레지부터 잎의 생김새가 다른 현호색, 쫑긋 세운 귀처럼 잎이 돋은 노루귀와 유난히 반짝거리는 노란 복수초까지, 여기저기서 환호성이 터져 나왔다.

셔터가 바쁘게 움직이는 와중에도 동호회 사람들은 규칙을 지키기 위해 노력했다. 동호회의 규칙은 간단했지만, 많은 이야기를 담고 있었다.

규칙 01. 산에 남기는 발자국을 최소화할 것

사람의 발밑에 스러지는 생명을 최대한 줄여보자는 뜻의 규칙이었다. 앞사람이 낸 발자국은 우리의 길이 되었다. 덕분에 내 발밑에 얼마나 많은 생명이 살고 있는지를 한 걸음 한 걸음마다 체감하며 움직일 수 있었다.

규칙 02. 좋은 구도와 배경을 위해 야생화와 주변을 훼손시키지 말 것

두 번째 규칙은 나에게 좀 놀라운 규칙이었다. 자기만 좋은 사진을 찍겠다고 사진을 찍은 후 야생화를 뽑아버리는 사람까지 있을 것이라 곤 생각지 못했기 때문이었다.

동호회 사람들은 야생화 주변 낙엽 부스러기마저도 조심스럽게 치웠다. 사진을 찍은 후에는 그마저도 다시 있었던 곳으로 되돌렸다. 좋은 사람들과 좋은 풍광들과 새로운 야생화들은 좋지 않은 기분을 금세 끌어올려주었다. 그렇게 이름 모를 야생화들과 반가운 만남이 지속되었다.

어느덧 반짝거렸던 하얀 햇살이 부드러운 노란빛을 머금었다. 오후 4시. 사진을 남기는 이들에게 가장 훌륭한 빛이 찾아오는 시간이었다. 신이 난 사람들과 덩달아 나도 신이 나 셔터를 눌러댔다. 그러기를 얼마나 했을까. 그림자가 길어지고 실컷 셔터를 눌러 댄 사람들은 하나둘 바위에 걸터앉았다.

"얼레지 참 예쁘지요?"

한참 촬영본을 확인하며 이름을 외우고 있는데, 그 모습을 지켜보고 계셨는지 동호회장님이 다정하게 물어오셨다. 우리가 걸터앉은 바위 근처에는 잎이 얼레딜레하다해서 얼레지라 불린다는 야생화가 곳곳에 펼쳐져 있었다. 그 면적이 꽤 되어서 얼레지밭이라 할 만했다.

"네, 무척 예뻐요. 야생화 중에도 이렇게 화려한 꽃이 있는지도 몰랐어요. 다음 달 출사에 엄마 모시고 꼭 다시 와야겠어요."

"호호호, 다음 달 출사에서는 얼레지는 흔적도 찾지 못할 거예요."

"왜요?"

심정은

얼레지는 오늘 본 야생화 중에서도 큰 편에 속했다. 꽃송이의 크기도 컸고, 얼룩이 멋스런 잎은 훨씬 더 컸다. 꽃이 진다고 흔적도 찾지 못하다니 그게 무슨 소리일까?

"왜긴요. 얼레지의 시간이 다 갔기 때문이죠. 자기의 시간이 지나가면 다음 꽃들을 위해 자리를 비켜주는 거예요. 그게 꽃들의 배려이자, 숲의 규칙이죠."

동호회장님은 빙그레 웃으며 말씀하셨다.

"사람은 제 흔적을 남기려 그렇게 애를 쓰는데, 이 아이들은 그렇지 않아요. 필요한 만큼 땅을 다 쓴 후에는 뒤에 피는 꽃들에게 고스란히 그 자리를 내어주고 가요. 이 큰 잎들이 그대로 남아 있다고 생각해봐요. 개화가 늦은 작은 꽃들이 올라오기 힘들지 않겠어요? 이 아이들이 한정된 너비의 숲에서 함께 사는 방법이죠."

나는 새삼 얼레지를 내려다보았다.

'이 커다란 꽃이 흔적도 없이 사그라진다고? 다른 꽃을 위해?'

다른 꽃을 위해 흔적도 없이 사라진다는 건 어쩌면 인간의 눈으로 덧씌운 현자의 모습일지도 모르겠다. 하지만 자연의 섭리는 참으로 위대하지 않은가. 제 욕심을 부리지 않기에 하나의 땅에서 피고 질 수 있는 무수한 생명들 앞에 저절로 고개가 숙여졌다. 야생화는 파고들면 파고들수록 놀라움을 안겨주었다.

과제가 끝나고도 동호회분들을 따라 출사를 계속했다. 야생화 사진들은 올곧이 나의 자료가 되었다. 우연히 알게 된 홈페이지 경연대회 덕에 야생화를 소개하는 홈페이지도 만들 수 있었다. 발령을 받기도 전 야생화로 인해 아이들과 할 이야깃거리가 만들어졌다.

'야생화라…. 십년지우로 괜찮을 거 같은데?'

햇귀마을, 아이들과 환경 이야기를 시작하다

마침내 교대를 졸업하고 진짜 선생님이 되었다. 햇귀마을이 본격적으로 시작되기 전 교실 환경과 학급 규칙 등을 준비하면서 첫 제자로 만날 햇귀들에게도 야생화를 통해 내가 느꼈던 것을 전해주고 싶다는 생각이 들었다.

"1번 친구는 꽃다지, 2번 친구는 꽃마리, 3번 친구는 냉이…."

야생화 사진으로 만든 1인 1꽃친구는 교실 앞판이 되었다. 햇귀마을에서는 나만의 친구로 정해진 꽃친구로 많은 활동을 했다. 선생님이 직접 찍은 사진이라며 모든 자료를 소중하게 여겨 주던 첫 아이들은 야생화 수업을 참 재미나게 들어주었다.

운명이 되려고 그랬는지 발령받은 학교는 학급 특색활동을 중요하게 여겼다. 덕분에 새내기 교사의 어설펐던 학급 교육과정은 나름 체계가 잡힌 생명존중교육으로 재구성될 수 있었다. 어떤 교과의 활동에서든 연결고리를 만들 수만 있다면 야생화를 활용해서 바깥 수업을 했다. 즐거워하는 아이들 덕에 야생화를 수업에 녹여내는 준비 과정 조차 나 역시 그저 즐거웠다.

시간이 조금 더 흐르자, 야생화로 시작했던 특색활동은 '십년지우(十年之友) 프로젝트'가 되었다. 선생님과 함께 야생화 탐구를 해보며 하나의 주제를 다양하게 학습하는 방법을 배운 후, 십 년 동안 취미처럼 꾸준히 연구할 수 있는 자기만의 주제를 정해 다양한 활동을 직접 기획해서 진행해 보는 프로젝트였다. 방학 동안 다른 과제는 다 제쳐 놓아도 제자들이 십년지우 활동에만 몰두하길 바랄 만큼 햇귀마을에서 십년지우는 큰 활동이었다.

또 얼마간의 시간이 더 흘렀다. 이제 햇귀마을의 환경교육은 '꽃내음과 함께 크는 아이들'이란 제목으로 야생화를 활용한 인성교육부터 학교생활 전반에 걸친 학급운영까지 다양하게 펼쳐졌다. 환경교육을 하고 싶어 교육과정을 계속 재구성하다 보니, 생각지도 않은 표창과 수상이 따라왔다.

그러던 어느 날, 선배 교사에게 교원대 석사 과정 파견근무 제도를 듣게 되었다. 한국교원대에 환경교육과가 있다는 걸 발견했을 때, 나는 나의 길이 확고해짐을 느꼈다. 십년지우를 찾아 소금쟁이처럼 다양한 배움에 발을 담그던 새내기 교사는 교원대 대학원에서 환경교육을 전공하며 2년간의 파견근무를 마쳤다. 야생화로 시작한 환경교육은 햇귀쌤의 가장 소중한 십년지우가 되었다.

파견을 마치고 돌아온 학교 현장에는 녹색성장교육 공문이 내려오기 시작했다.

"환경교육으로 파견을 다녀왔다고?"

환경을 전공한 초등교사가 거의 없었던지라 자연스럽게 학교 환경교육 업무가 맡겨졌다. 지자체에는 의제 21이, 학교에는 지속가능발전교육이 내려오던 시기였다.

배워 온 환경교육을 펼쳐내고 싶은 마음에 욕심껏 학교 환경교육 계획을 짰다. 며칠을 끙끙대며 학교 행사는 물론, 교과 연계, 교사 역량 강화 연수, 학교 문화 조성을 위한 가정 연계 활동, 학교 경영 방침에 이르기까지 방대한 내용을 분야별로 나눠 담아냈다. 예산 한 푼 없는 학교 내부 결재용 계획서였을 뿐인데 말이다. 아마 누가 시켜서 그만한 양을 요구했다면 완성하는 내내 불만을 쏟아냈을 법한 두툼한 계획서였다.

그리고 그해, 계획서에 담긴 내용을 어떻게든 실천했다. 자치회를 중심으로 학생 환경 동아리를 구성하고, 환경기념일에 맞춰 다양한 캠페인을 벌이고. 학생 UCC 대회에 참가하라는 말씀에 동아리 아이들과 만든 지역 환경 문제를 다룬 동영상이 상을 타자 자신감은 더 붙었다.

'다음 해에는 아이들과 무엇을 해볼까?'

생각이 꼬리에 꼬리를 물었다. 이번엔 대학원 랩 활동 후 전기전도도를 활용한 물 환경 탐구의 가능성을 주제로 썼던 소논문을 직접 적용해 보고 싶었다. 그렇게 학급 운영의 한 꼭지로 녹아들었던 야생화 수업은 물 환경교육이라는 새로운 전환점을 맞이하였다.

고학년을 맡고 탐구 중심 환경교육 이론을 바탕으로 계획서를 제출하여 환경부 예산을 확보했다. 학교와 지역의 수질 탐구를 주제로 '환경 탐구 체험 프로그램'을 기획하며, 수업 교재도 오롯이 아이들과의 동아리 활동만을 위해 꽤 오랜 시간 공을 들여 개발하였다. 당시의 나는 육아로 늘 피곤했고 어쩌다 보니 하고 싶었던 일이 해야 하는 일이 되어버렸지만, 하나하나 만들어가는 보람이 컸다. 혼자 아등바등 개발한 워크북이 아이들의 손에서 다양하게 채워지는 것이 뿌듯했기 때문이었다. 한 번도 해보지 않은 수업을 받고 있어 즐겁다는 아이들의 피드백도 큰 힘이 되었다.

지역자원을 찾아다니며 물환경 탐구를 하다보니 자연스럽게 사회 환경교육 단체와의 협력 수업도 하게 되었다. 아이들은 작은 쪽지로 많은 것을 느꼈다는 이야기를 종종 들려주었다. 삐뚤빼뚤한 아이들의 쪽지가 하나씩 늘어날 때마다 '그래, 한 번만 더 해보자.'란 마음을 먹게 됐다. 돌이켜보면 정말 무슨 깡이 있어 그걸 다 해냈는지 모르겠다. 그때나 지금이나 초등 담임교사가 해야 할 일은 일일이 꼽을 수도 없을 만큼 많고 많은데 말이다.

 그나마 경력이 쌓이는 만큼 교사로서 꼭 해야만 하는 일에 어떻게든 환경을 잘 버무릴 수 있는 나만의 꿀팁이 쌓여갔다. 교사가 지치면 무엇이든 절대 지속가능할 수 없으므로 퍽 다행스러운 일이었다.

한 가지를 꾸준히 하면 전문가가 된다

 나는 그렇게 환경교육을 하는 선생님, '환경교육' 하면 '생각나는 교사'가 되었다. 주변 선생님들은 '환경'을 주제로 수업하게 될 때마다 나를 먼저 찾아 주셨다. 틈틈이 지역의 환경사(史)를 모으고, 학교에 맞춰 환경교육과정을 재구성했던 자료는 그렇게 나누어졌다.

 부장을 맡고 나서는 믿어주는 동료들 덕에 원하는 만큼 학년 교육과정 재구성을 할 수 있었고, 학년 예산의 운영권이 쥐어지니 환경 프로젝트는 교육과정 안에서 더욱 정교해졌다. 어느 선생님은 어렵지만 보람찼다고 하셨고, 또 다른 선생님은 너무 어려워서 힘들었다고 하셨다. 다양한 피드백 덕에 그동안 만들어왔던 수업자료는 수준별로 나눠지고 모듈화 과정을 거쳐 다시 햇귀마을로 되돌아왔다.

 '아는 것을 실천하게 하려면'에 대한 환경교육의 고민은 자기주도학습을 위해 실천했던 십년지우 활동을 업그레이드하게 했다. 야생화를 통해 탐구 방법을 배우고 자기 관심 분야를 스스로 공부하게 했던 것

심정은

처럼 말이다. 요즘은 아이들의 삶이 있는 학교와 마을의 작은 환경 이야기에서 앞으로 지속가능한 삶을 살 수 있는 계기를 만들어주는 '지역화된 환경교육의 실천'에 주력하고 있다. 아이들의 삶이 이루어지는 마을과 학교에서의 환경교육이 면밀하게 맞닿을 때, 지속가능한 삶의 연습이 가능해지고 이를 내면화할 수 있다고 생각하기 때문이다.

지역화된 환경교육은 내 삶의 공간적 범위가 제자들의 생활반경과 같기에 더 쉬웠고, 교사인 내게 더 흥미로웠으며 더 의미가 있었다. 마을 연계 환경교육 사례 나눔으로 시작하게 된 강의 활동은 다양한 주제를 가진 강연과 자문 활동으로 이어졌고, 그동안 강의하면서 환경교육을 하는 모두에게 전달하고팠던 이야기들을 담아 『환경수업도 업사이클링이 필요해』라는 환경교육서도 세상에 내놓게 되었다.

마을 연계 환경교육은 내가 교사이기 전에 지역 시민의 한 사람으로서 지역 네트워크를 찾아다니게 했다. 지역사회의 환경 행사와 시민단체 활동에 참여하게 된 것은 자연스러운 순서였다. 다양한 경험이 모여 시민단체나 사회 환경 교육 활동가를 대상으로 한 연수와 지역 청소년들을 위한 환경 수업도 진행하게 되었다. 몸은 고되고 정신 없이 바빴지만, 그곳에서 만난 다양한 인연들은 환경교육을 바라보는 시야를 더욱 넓게 해주었다. 그러다 보니 더 다양한 곳에 환경교육 전문가란 이름으로 불려 다닌다. 난 환경교육 전문가인가, 환경 수업이 즐거운 교사인가? 여전히 부족하지만, 시간의 힘은 정말 위대했다.

초등쌤, 십년지우로 환경과 벗하다

모두의 지속가능한 미래를 위한 다짐

학교 현장에 수많은 이름의 환경교육이 다녀갔다. 어떤 이름으로 환경의 지속가능성을 이야기했든 나는 그 모두가 우리의 지속가능한 미래를 위한 환경교육이라고 생각한다.

기후위기로 중요성이 급부상한 환경교육은 그 어느 때보다 학교 현장에 다양하게 영향을 주고 있다. 하지만 교사의 대부분은 공식적인 학교 환경교육을 경험하지 못했다. 여전히 국가 수준의 환경 교육과정이 가지지 못한 초등교사는 환경교육에서 무엇을 어떻게 가르쳐야 할 것인가를 고민하고 있다. 오랜 시간 현실적인 교육과정을 통한 초등 환경교육의 체계화를 주제로 교육과정을 연구했던 만큼, 지금도 현장에서 같은 고민을 하고 있다는 게 종종 서글프기도 하다. 하지만 2022 개정 교육과정이 들어서며 행운처럼 찾아온 학교자율시간 덕에 다양한 환경교재와 학년별로 구성된 초등 『환경』 교과서를 집필할 수 있었다. 덕분에 인정교과서지만 학년별 흐름에 따른 초등 교육과정이 생겨났다. 정말 고되었지만, 초등 환경교육의 체계화란 나의 오래된 꿈을 조금이나마 이룰 수 있었던 의미 있는 작업이었다.

연구년을 핑계로 '자연치유'라는 새로운 공부도 시작했다. 앞으로 심각한 기후위기 시대를 살아가야 할 아이들이 '자연과 더불어 기후 불안을 예방할 수 있는 작은 경험을 했으면 좋겠다'라는 작은 바람으로

심정은

말이다. 나의 햇귀들이 선생님과 함께하는 햇귀마을에서의 짧은 경험을 통해서나마 한 번도 경험하지 못한 지구에서 슬기롭게 살아갈 자아효능감과 회복탄력성을 기를 수 있었으면 좋겠다. 자연치유는 햇귀 쌤에게 또 다른 십년지우가 될 수 있을까? 중년이 되어도 소금쟁이 기질은 어쩔 수 없나 싶다.

당신이 선생님이라면 꼭 하고 싶은 말

교사의 모든 경험은 수업이 된다. 교사라면 누구나 아이들이 환경에 눈을 뜨는 순간들을 얼마든지 만들어줄 수 있다. 수업준비물을 '키트형'이 아닌 '벌크형'으로 구입해서 쓰레기를 줄이거나, 한 번 산 교구들을 잘 쓰고 관리해서 오래 쓰는 것만으로도 선생님이 아이들과 실천할 수 있는 지속가능한 삶의 가치는 무궁무진하다. 그래서 아이들과 만나는 선생님이 환경에 눈을 뜨는 것은 정말 중요하다고 생각한다.

요즘 가장 보람된 순간은 주변 동료 교사나 연수생들이 '덕분에 더 나은 환경교육을 하게 되었다'라는 이야기를 해줄 때이다. 몇몇 분들은 환경대학원 진학 등 전문적인 환경교육의 길에 들어섰다는 소식도 종종 전해주신다. 모두가 그레타 툰베리가 될 필요는 없지만, 교육자가 지속가능성에 대한 바른 가치를 고민하고 미래를 준비하는 교육에 관심을 가지게 되는 것은 정말 중요한 일이라고 믿는다.

초등쌤, 십년지우로 환경과 벗하다

무엇이 되었든 나의 관심 분야에서부터 지속가능한 삶에 도전하고 즐기며 실천하는 모든 수업이 진짜 우리에게 필요한 환경교육이 된다는 것을 믿어보자. 지속가능한 세상을 위해 우리 아이들이 스스로 질문을 던지고, 답을 찾아가도록!

심정은

'해돋이 때 처음 비치는 햇빛'인 햇귀처럼 세상에 빛을 던져주는 사람을 기르고자 햇귀마을을 운영하는 초등교사, '햇귀쌤'이다. 예비 교사 시절 야생화와의 우연한 만남으로 시작한 환경교육을 꾸준히 실천하는 중이다. 지속가능한 미래를 만들고 싶은 사람들에게 각자의 위치와 관심 분야에서 무엇이든 시작할 수 있음을 이야기하고 있다.

심정은

지속가능한 학급을 운영하는 초등교사는

지속가능한 학급을 운영하는 초등교사는 환경교육을 중심으로 학생들에게 지속가능한 삶의 중요성과 자연과 조화로운 관계를 가르치는 교육자입니다. 환경의 가치를 전달하는 것을 넘어 학생들의 환경에 관한 관심을 높이고 적극적인 참여를 할 수 있는 계기를 만들어주며, 학교에서의 실천을 통해 지속가능한 생활을 연습할 수 있도록 돕습니다.

지속가능한 학급을 운영하는 초등교사를 위한 준비과정

기초 교육

일반적인 초등교사 자격증을 취득한 후, 환경교육 관련 과목 혹은 교양 과목을 수강하여 환경에 대한 기초 지식을 쌓는 것이 중요합니다. 환경을 바라보는 자기만의 관점과 환경교육관을 차근차근 쌓을 수 있는 것이라면 최대한 다양하게 경험하는 것이 좋습니다.

전문 교육

환경교육 관련 프로그램이나 워크숍에 참여하여 최신 정보와 교육 방법을 습득하고, 자기만의 환경교육을 정립해야 합니다. 나에게 지속가능한 삶이란 무엇이며 의미 있는 환경교육이란 무엇인지 고민할 수 있는 연수를 찾아보면 도움이 됩니다. 관련 학위를 가진 대학이나 여러 환경단체의 프로그램에 참여하는 것도 좋은 방법입니다.

자원봉사

지역사회에서 진행되는 환경 관련 자원봉사나 프로젝트에 참여하여 실제 경험을 쌓고, 다양한 교수 방법을 습득하면 도움이 됩니다.

초등교사가 환경교육 전문가가 되려면

지속적인 자기 계발

최신 환경 이야기에 관심을 가지고 교육 방법에 대한 고민을 끊임없이 해야 합니다. 연구 세미나나 학술회의에 참석하여 다른 전문가들과 경험과 지식을 공유하는 것도 방법이 됩니다. 다양한 환경 콘텐츠를 직접 경험하고 이를 교육적으로 활용할 수 있는 나만의 방법을 정리하면 좋습니다.

프로젝트 수행

학교 내에서 환경 관련 프로젝트를 주도하고 학생들의 참여를 유도하며 성과를 공유하는 경험을 쌓아야 합니다. 프로젝트 수행 후 시행착오를 반면교사 삼아 이를 개선할 수 있도록 꾸준히 노력하고 새로운 방법을 시도해 보면 좋습니다. 이를 통해 실천 경험을 쌓고 실질적인 교육 방법을 개발할 수 있습니다.

전문적 네트워크 구축

환경교육과 관련된 사회적 모임이나 단체에 참가하여 다른 교육자들과 네트워크를 형성하고, 경험을 나누며 협력하면 도움이 됩니다.

평범한 초등교사의 지구하기

주변의 환경으로 스토리텔링하기

학생들이 환경 문제를 흥미롭게 이해할 수 있도록 관련된 주변 사실이나 사례를 이야기 형식으로 전달하는 것이 효과적입니다. 환경그림책을 활용하거나 일반 동화책이나 어린이 신문 기사를 환경적 관점으로 들여다보는 수업도 좋습니다.

심정은

실생활과의 연계

주제와 관련된 실생활의 예를 들어 학생들이 자기 삶에서 지속가능한 실천의 적용 가능성을 느끼게 해야 합니다. 주변에서 일어나는 실제 현상에서 지속가능성의 가치를 찾아보고 이를 지지할 수 있는 연습의 기회를 제공해 봅니다.

프로젝트/캠페인

교실이나 학교 내에서 작은 환경친화적인 프로젝트를 기획하여 학생들이 직접 참여하게 하고, 그 결과를 다른 학교 또는 지역사회와 공유하는 캠페인을 조직하여 인식의 중요성과 연대의 가치를 체험하게 합니다.

가정 연계 교육

학생들이 각 가정의 환경 교사로서 학교에서 배운 환경 이야기를 가족에게 전달하고, 가정에서 지속가능한 삶을 함께 실천할 수 있도록 가정 통신문이나 부모 참여 활동을 만들면 도움이 됩니다.

지속가능성을 위한 제안서

초등쌤, 십년지우로 환경과 벗하다

환경지킴이를
꿈꾸는 도예가

#환경 #한국의새 #ceramic #도예가 #자연보호

#예술 #새만드는도예가 #탐조 #birdwatching

도예가
이옥환

A. 시골에서 자라며 산과 들로 뛰어놀던 개구쟁이였어요. 중학생까지도 방학이면 시골에 머물며 자연에서 많은 것을 배우며 자랐죠. 외갓집은 구불구불 끝없이 이어질 것 같은 미루나무길을 걸어야 했고요. 신발을 벗고 맨발로 건너는 개울가 둑방에 서면 물고기들이 뛰어오르던 모습에 흥분했지요. 바구니 하나만 들고 가만히 서 있어도 물고기들이 그 안으로 마구마구 뛰어 들어올 것 같은 상상만으로도 정말 행복했으니까요.

그러나 그토록 예쁘던 오솔길은 시멘트로 포장이 되면서 커다란 미루나무들이 무참히 베어져 나갔어요. 맑고 깨끗했던 개울엔 다리가 생기고 난 뒤 쓰레기들이 넘쳐나더니 급기야 썩은 물이 흐르는 곳이 되어버렸답니다. 내가 좋아했던 풍경을 내 아이들과 공감하고 함께 나누고 싶었으나 그 길은 묘연하기만 했지요.

오랜 시간이 흐른 뒤 탐조 활동을 알게 되었고 다시 자연을 접하게 되었어요. 자연은 점점 더 파괴되어 멸종위기종은 자꾸 늘어나고 있었지요. 어떻게 해야 할지 몰랐던 나는 어느 날 자연과 환경을 지켜내고자 애쓰는 이들을 알게 되었어요. 절대 바뀌지 않을 것 같은 일들을 하나씩 변화시켜 나가는 그들의 모습에서 나는 용기를 얻었지요. 비록 작은 힘일지라도 모이고 모이면 큰 힘이 될 거란 걸 알기에 환경에 도움 되는 일이 무엇인지 생각하는 삶을 살아보자 마음먹었어요.

Q. 주로 어떤 일을 하시나요?

A. 탐조를 즐기며 흙으로 새(bird)를 만들고 있습니다. 자연을 가까이하면서 환경에 관심을 가지게 되었고, 작업하는 과정에서 배출되는 환경오염을 줄일 방법과 일상생활에서 할 수 있는 작은 실천들을 행동으로 옮기려 노력하고 있습니다.

『시간과 물에 대하여』라는 책에는 숫자나 그래프로 전해지는 과학자의 논문이나 보고서는 기후변화로 인해 전 세계 수억 명에게 엄청난 영향을 주는 언급임에도 그저 한번 쓱 보고 지나쳐 그 심각성을 인지하지 못하는 것 같다고 말합니다.

그러나 도예라는 예술 작품에 새 이야기를 접목하면 대중에게 조금은 더 쉽고 재미나게 다가갈 수 있습니다. 우리 주변에 존재하는 많은 생명을 도예작품으로 알리고자 노력합니다. 그들을 지켜주기 위해 무엇을 어떻게 왜 행동해야 하는지 고민하며 오늘보다 더 나은 내일을 꿈꿉니다.

Q. 지속가능성에 어떻게 기여하고 있나요?

A. 새(bird)에 관심 없던 이들이 내 작품을 보고 난 후 그동안 볼 수 없었던, 아니면 보고자 하지 않았던 새들을 자주 만나는 경험을 한다고 전해옵니다. 그들의 존재를 인식하면 만남이 반복되고, 또 이름을 불러보며 친구가 되고 싶어지기도 하겠지요.

이옥환

그러면서 조금씩 인간과 자연이, 인간과 야생이 공존하는 삶을 생각하게 될 것이라 믿습니다. 더 많은 사람이 뭍 생명들과 공생의 길을 모색하며 자연보호를 위해 우리가 할 수 있는 작은 것부터 하나둘 실천으로 옮길 수만 있다면 미래에는 조금 더 조화로운 세상을 만들어가지 않을까요?

Q. 나의 지속가능한 삶을 한마디로?

A. 새로운 시각으로 내 능력을 발휘할 수 있는 영역을 창조하자.

환경지킴이를 꿈꾸는 도예가

아름다움으로 향하는 새로운 문이 활짝 열리다

나는 새(bird) 만드는 도예가다. 그러나 처음부터 새를 만든 것은 아니다. 새는 그저 까치, 비둘기, 참새, 까마귀, 직박구리 정도나 알고 지낸 시절도 있었다. 주변에 새가 있더라도 인지하지 못했으며 인지했더라도 그저 바쁘다는 핑계로 본체만체 지나쳤더랬다. 가끔은 시끄럽게 울고 새똥으로 주변이 더럽혀지는 것에 짜증 내며 귀찮다고 느낄 때도 있었다. 그렇게 새라는 존재는 나의 삶에 어떤 의미도, 별 감응도 주지 않았다.

다만 내 작업에도 가끔 새들이 나타나곤 했다. 어떤 특정한 새의 모습은 아니었다. 그저 뾰족한 부리와 날개만으로도 새라는 걸 표현하기엔 충분했다. 그땐 그냥 어디든 마음대로 훨훨 날아갈 수 있는 존재로서 자유를 꿈꾸는 나를 대변하는 상징, 딱 그것뿐이었다.

그러다 탐조라는 걸 알게 되었고 새를 관찰하는 기회가 종종 생겼다. 그리고 2013년부터 4년간 (사)한국물새네트워크에서 자원봉사로 일을 하면서 새 보호 활동 보조 외에도 탐조프로그램을 기획하는 계기가 있었다. 그렇지만 그때는 특별한 새를 만날 수 있다는 기쁨보다는 참가자들의 편안한 동선, 좋은 숙소나 맛있는 식사에 더 관심을 기울였을 뿐이다.

행사가 진행되면 될수록 탐조에 빠져있는, 소위 '새에 미친' 사람들

이옥환

을 희한한 눈으로 쳐다보았다. 잠깐씩 스코프를 통해 그들의 세계를 훔쳐보면 신기하기도 하고 또 조금은 재밌다고 느끼기도 했었다. 그렇게 여러 해가 지난 후 나도 모르게 그들에게 점점 스며들게 되었는지 하나둘 새 이름을 알게 되었다.

이름은 타자를 인식하는 기호라고 했던가? 새 이름을 알게 되었다는 것만으로도 어느 곳이든 마법처럼 새들이 보이기 시작했다. 그저 뭉뚱그려 '새'라고 부르던 막연한 존재가 아닌 이름을 불러줄 수 있는 반가운 친구가 된 것이다.

친구가 되고 나니 요즘은 어떻게 지내고 있는지? 밥은 잘 먹고 다니는지? 지난밤 내린 폭우나 폭설로 곤란한 상황은 아닌지? 가지치기를 심하게 하던데 둥지가 훼손된 건 아닌지? 내가 살펴야 할 것이 무엇인지 두루두루 살피고 싶은 마음이 생기는 것이다.

맨눈으론 잘 보이지 않는 세세한 부분까지 관찰하기 위해선 쌍안경이 필수다. 새들을 위협하지 않는 안전거리에서 탐조할 수 있는 쌍안경까지 구매하고 나니 본격적인 탐조에 입문하게 되었다. 쌍안경이나 스코프로 바라보면 새의 종류별 특징이나 미세한 차이점까지 선명하게 볼 수 있어 동정[2]하기가 쉽다. 초보자에게 처음 본 새를 동정하기가 쉽지는 않으나 틀린 그림 찾기 게임 하듯 차이점을 발견했을 땐 묘

---

2) 새 이름 알아내기

환경지킴이를 꿈꾸는 도예가

한 희열도 느낄 수 있다. 종 추가의 기쁨은 덤이다.

자연스럽게 숲속으로 스며들던 꾀꼬리의 강렬한 노란색, 돌멩이인 듯 낙엽인 듯 위장술의 천재 청도요, 수리부엉이 등 자연에 완벽하게 스며드는 마법 같은 보호색은 그저 놀라움의 연속이다. 감당하기 버거울 정도로 길고 구부러진 부리를 가진 마도요를 처음 보았을 땐 '이 세상에 저런 새가 실제로 존재한다고?' 하며, 얼마나 신기했던가?

짱구 머리 댕기물떼새의 나풀거리는 댕기와 초록인 듯 청보라인 듯 오묘한 색으로 반짝이는 아름다운 깃털에 반하고, 갯벌에 수놓은 듯 헤아릴 수 없을 정도로 많은 도요새와 오리들에 환호했다. 반짝이는 호수의 수면 위로 오리가 그리는 선은 멋진 그림이 되어 평온함을 선사하니 지금까지 보아온 회색빛 세상과는 다른 신세계였다.

무지갯빛 세상으로 향하는 문이 활짝 열리는 순간이다. 그 문을 들어갈 것인지 말 것인지는 오로지 나의 선택이지만 어느 누가 그 아름다운 세상을 거부할 수 있단 말인가? 설렘과 흥분된 마음으로 그 문으로 쓱 발을 내디뎠던 순간의 행복함을 지금도 잊을 수가 없다.

그동안 꼭꼭 숨어 보이지 않던 새들이 여기저기서 불쑥불쑥 튀어나와 인사라도 하듯 날아들며 나의 삶에 들어오더니 자기들을 표현해 달라 아우성친다.

'그래, 한번 만들어보자!'

편한 마음으로 시작했는데 만들면 만들수록 점점 새의 매력에 빠져

이옥환

들었다.

이 새는 어느 계절에 볼 수 있지? 부리는 긴지 짧은지, 아니면 곧은지 굽었는지? 깃털의 색과 무늬는 다른 새들과 어떤 차이가 있으며 어떤 특징을 지녔는지? 또 어떤 먹이를 좋아하고, 어떤 나무에 즐겨 앉는지까지 궁금증은 늘어가고 배워야 할 것이 많아진다. 그러니 또다시 새를 찾아 길을 나서게 된다.

새들의 다양한 이야기를 담아 만든 작품

환경지킴이를 꿈꾸는 도예가

그곳엔 아름다운 세상만 있는 것은 아니었다

탐조의 시간이 늘어가면서 그곳에서 마주하는 풍경 속엔 아름다운 세상만 있는 것은 아니었다.

처음 보게 된 검은머리갈매기는 공사판에서 아슬아슬 새끼를 키우고 있었고 빌딩 숲으로 둘러쳐진 송도의 열악한 서식지에선 꾀죄죄한 몰골의 저어새를 보았다. 둥지를 지키려고 덤프트럭에 온몸으로 맞서 싸우며 위태로운 상황에 놓인 쇠제비갈매기의 영상을 보았으며, 사진 속엔 낚싯줄에 얽히거나 낚싯바늘에 걸려 죽어가는 수많은 생명이 있었다.

유리창 충돌로 하루에 2만여 마리가 목숨을 잃은 새들의 무덤, 각종 비닐이나 쓰레기를 둥지 재료로 삼거나 폐플라스틱을 먹이로 착각하여 새끼에게 공급하는 새도 있었다. 성한 곳 하나 없이 여기저기 파헤쳐지고 온 세상이 공사장을 연상케 하는 작금의 시대에 서식지는 점점 사라져갈 수밖에 없다. 익숙한 고향을 버리고 그들은 또 어디로 가야 한단 말인가?

환경오염, 기후위기, 난개발이란 단어가 예전엔 그저 글자로만 읽혔다면 이제는 나에게 닥친 직접적인 현실이 되었다. 그것은 수많은 지구의 동식물에게만 고통을 남기는 것은 아니다. 우리 역시 똑같이 고통받는 것은 자명한 일이다. 개발이라는 이기심에 취한 인간들에게 밀리고 밀려 낭떠러지까지 내몰린 새들의 삶을 직접 보고 경험하지

이옥환

않았다면 결코 알 수 없는 불편한 진실이다.

그들이 처한 열악한 환경은 어떻게 개선해야 하며 멸종위기종을 보호하고 지켜내기 위해서는 또 무엇을 어떻게 해야 하는 걸까? 그들이 사라지기 전에 지킬 수 있는 시간이 우리에게 남아 있기는 한 걸까?

'인류의 한 종이 사라진다 해도 그 종족에 대해 아는 것이 없다면 우리는 거의 아픔을 느끼지 못한다. 우리는 단지 우리가 아는 것에 대해서만 슬퍼한다.'라고 알도 레오폴드가 『모래 군(郡)의 열두 달』에 적고 있다. 그렇게 인간의 무관심 속에서 멸종되어 가는 존재들을 그 누구도 슬퍼하거나 인식하지 못한다면 우리의 미래엔 어떤 모습이 펼쳐질까?

지구는 인간만이 아니라 동식물이 함께 살아가는 공생, 협력의 공간임을 잊지 말자. 지구별의 생물다양성을 지켜내는 일이 아직 늦지 않았기를 바라며 새들이 날아오를 수 있는 푸른 나무 한 그루를 가슴 속에 심는다. 도토리 한 알에서 나무를, 숲을 볼 수 있는 눈이 되길 바라면서….

생명을 보는 눈

조병범의 『생명을 보는 눈』에는 '지도를 보는 눈과 풍경을 보는 눈, 생명을 보는 눈으로 나눌 때 가장 많은 사람이 풍경을 보는 눈에 들어간다. 지도를 보는 눈은 책상에 앉아 개발 정책을 펼치는 사람들이다.

157

평범한 사람들도 바쁘게 달리거나 개발에 동조할 때 지도를 보는 눈이 되기도 한다. 그러면 지도를 보는 눈은 더 강력한 힘을 얻어 거칠게 개발을 추진한다. 반면에 생명을 보는 눈은 적고, 주로 발길을 멈출 때나 낮보다는 이른 아침과 밤에 나타난다. 힘이 약하다. 그러나 좀 더 나은 세상이 되려면 평범한 사람들이 생명을 보는 눈이 되어야 합니다.'라고 적고 있다.

나 역시 생명을 보는 눈으로 세상을 바라보고자 매 순간 노력하며 자연과 환경에 대한 메시지를 작업에 담으려 한다. 예술이란 것이 끝없는 배움의 길인지라 매번 부족하다 느끼지만, 하루하루 더 좋은 작업을 하고자 배우고 또 배운다.

도예를 한 지 40여 년이 훌쩍 넘어갔지만 이렇다 할 특색이 없던 나의 작업 세계에 '새(bird)'를 만들면서 '새 만드는 도예가'라는 나만의 브랜드가 만들어졌다.

나의 할 일은 우리 주변에 언제나 함께 살아온 존재가 얼마나 중요하고 아름다운지를 보여주고, 왜 지켜내야 하는지를 알리는 것이다. 거기에 더해 탐조할 때 느끼는 설렘과 기쁨, 새로운 종을 만날 때의 흥분, 또 새들만이 가진 독특한 습성이나 색감에서 오는 감동, 야생에서 살아있는 생명체를 만나는 순간 벅차오르는 행복까지 모두 알려주고 싶다. 그런 뒤엔 어떻게 지켜내야 할지를 함께 고민하며 새뿐만이 아니라 더 많은 동식물로 확대해야 할 것이다.

이옥환

멸종위기에 있는 새를 보호하더라도 먹이가 없으면 개체 수는 점점 감소하다가 결국 사라질 수밖에 없다. '자연에는 목적 없는 것이 하나도 없다. 창조의 산물에 대한 모든 공격은 처음에는 보이지 않을지라도 예상치 못한 결과를 낳을 수 있다.'라고 안드리 스나이르 마그나손의 『시간과 물에 대하여』라는 책에 적고 있다.

레이첼 카슨의 『침묵의 봄』에서 무분별한 살충제의 사용으로 파괴되는 야생 생물계의 모습을 공개한 1960년대나 지금이나 별반 차이가 없다. 아직도 마구잡이로 살포되는 살충제와 무분별하게 베어져 나가는 나무와 풀들을 지켜보며 자연을 대하는 우리의 마음은 어떤지 되돌아볼 일이다. 어디선가 우리도 모르게 침묵의 봄이 다가올지도 모른다는 두려움을 떨쳐내기 위해 나부터 환경지킴이가 되어야 한다고 다짐한다.

내가 할 수 있는 작은 것부터 실천하기

그렇다면 환경지킴이로 살아가고 싶은 내가 할 수 있는 것은 무엇일까? '옳은 행동은 사회적으로 용인하고 그릇된 행동은 배척하면 된다.'라고 알도 레오폴드가 말했듯이 내가 하는 행동이 지구에 어떤 영향을 미칠지, 해도 될 일과 해서는 안 되는 일을 구별할 능력을 키우다 보면 완벽하진 않더라도 제일 나은 선택을 할 수 있을 것이다.

우선 도자기 유약에는 많은 중금속이 들어간다. 높은 불에 구워졌을 때 안전하지만 유약 상태에 남아 있을 땐 이야기가 달라진다. 유약 작업 후 나오는 적은 양의 찌꺼기일지라도 하수구로 흘려 버린다면 그 양이 많든 적든 나 역시 오폐수를 버리는 파렴치한 인간이 된다.

그러니 그냥 물에 흘려보낼 수 없다. 유약을 닦거나 그릇에 묻은 유약까지 깨끗이 닦고 모아서 가라앉힌 다음 다시 잡유(雜釉)로 사용하자. 생각보다 많은 양이 모이기에 나 스스로 놀라곤 한다. 흙 외에 모든 재료도 손실이 없도록 관리하고 다시 재사용한다. 자연에서 나오는 모든 것은 무한한 재료가 아니기에 어떤 재료든 함부로 사용할 수 없음이다.

또한 여름은 덥고 겨울은 추운 것이 당연한 이치거늘 매해 올여름이 제일 시원한 여름이 될 거라는 경고에도 불구하고 우리나라는 유독 여름은 춥고 겨울은 덥게 지내는 경향이 있다.

지구온난화로 집중호우와 태풍, 폭염, 가뭄, 산불이 빈번해지고 이상기후로 지구 전체가 몸살을 앓고 있음에도 약간의 불편함도 거부하는 우리를 어찌해야 한단 말인가? 그래서 난 여름엔 약간의 더위는 즐길 것이고 겨울엔 옷을 덧입으며 추위에 익숙해지고자 한다.

또한, 예전에 비하면 지금은 신세계라 느낄 정도의 편안함에도 자꾸 '더욱더'를 외치는 편안함을 거부한다. 되도록 일회용품 사용을 거부하며 약간의 불편함을 즐길 준비를 하자. 한번 산 물건은 오래 쓰고

이옥환

고쳐 쓰고 나눠 쓰며 옛 어르신들의 절약 정신을 본받아 지구에 쓰레기를 남기지 않으려 최선의 노력을 할 것이다.

동물복지에도 관심을 가지자. 동물 실험한 제품인지 아닌지? 어떤 방식으로 사육한 고기인지 따져보며 착하게 소비하고자 매 순간 깨어있자.

혹자는 나에게 왜 그리 불편하고 어려운 삶을 사느냐 한다. 간혹 궁색하다며 손가락질까지는 아니더라도 불편한 눈길을 보내기도 한다. 그러나 내가 실천할 수 있는 일은 이렇듯 작은 것밖에 없으니 어찌하랴. 작은 일부터 하나하나 실천하다 보면 더 큰 일을 할 수 있는 용기도 힘도 생기지 않을까? '나 하나쯤이야.'라는 생각에 아무도 하지 않는다면 이 지구는 어찌 되겠는가?

불편해도 작은 일부터 차곡차곡 실천할 수 있는 나는 남들이 아무리 궁색하다 할지라도 나 스스로가 자랑스럽다. 이제부터 조금 더 큰 일에 손과 마음을 보태며 환경을 지키는 일에 적극적으로 나서볼 용기도 생긴다. 그러나 제대로 알고 지켜나가기엔 큰 노력이 필요하다. 그러기 위해 오늘도 현장으로, 도서관으로 나가보련다.

그리고 난 뒤 더 좋은 작품으로 대중들에게 쉽게 다가가 환경 이야기를 전달할 수 있는 매개자로 작은 역할을 담당하고자 한다. 예전 어릴 적 뛰어놀던 아름다웠던 풍경을 우리 아이들에게도 보여주길 고대하며….

이옥환

어릴 적 뛰어놀았던 자연을 사랑하며 새를 탐하는 즐거움에 빠져 살고 있습니다. 또한 minimal life를 추구하며 지구에 쓰레기를 적게 남기려 노력합니다. 대학과 대학원에서 도자공예를 전공하였으며 환경의 중요성을 알리는 '새 만드는 도예가'로 다양한 협회에서 활동하고 있습니다.

🌱 생태환경 도예가는

생태환경 도예가는 자연환경과 지속가능성을 고려한 도예 작품을 창작하는 예술가를 의미합니다. 이들은 도자기를 제작할 때 사용할 재료, 생산 과정, 에너지 등을 환경친화적으로 선택하여 자연과의 조화를 이루는 작업을 하고자 노력합니다. 또한, 생태적 관점에서 상징적이거나 메시지가 담긴 작품을 통해 사람들에게 환경 의식을 고취하고, 생태적 지속가능성을 알리는 역할도 수행합니다.

🌱 생태환경 도예가를 위한 준비과정

기초교육

도예를 전문적으로 배우기 위해서는 미술대학의 도예 전공이나 관련 학과에 진학하는 것이 좋습니다. 이 과정에서 다양한 도자기 제작 기술, 재료 특성, 디자인 원리를 배우게 됩니다.

전문기술 습득

대학 교육 외에도 도예 관련 워크숍에 참여하거나, 숙련된 도예가에게 배우며 실습 경험을 늘려야 합니다. 클레이 스튜디오나 아트 센터에 소속되거나 자원봉사로 경험을 쌓는 것도 좋은 방법입니다.

환경 관련 지식

생태환경 관련 교육과정을 통해 환경 문제, 자원 관리, 지속 가능한 예술을 배울 기회를 찾아야 합니다. 이를 통해 작품 제작할 때 환경친화적인 접근을 이해하고 실천할 수 있게 됩니다.

생태환경 도예 전문가로 성장하려면

연구 및 실험

재료나 제작 방법에 관해 끊임없는 연구와 실험을 통해 자신만의 독창적인 작품을 창출할 수 있도록 합니다.

네트워킹 및 협업

다른 도예가나 환경 예술가들과의 협업을 통해 다양한 관점을 배울 수 있습니다. 이를 통해 생태적 메시지가 담긴 공공 미술 프로젝트나 전시회를 기획하는 기회를 만들 수 있습니다.

지속적인 기술 연마

도예 관련 세미나나 강좌에 참석하여 최신 경향과 기술을 배워야 합니다. 지속적으로 새롭게 학습하고 도전하는 자세가 중요합니다.

프로젝트 및 전시 참여

자기 작품을 전시하거나, 환경 문제와 관련된 프로젝트에 참여해 사회적 논의를 이끌어내는 작업을 통해 인지도를 높이는 방법도 좋습니다.

평범한 도예가의 지구하기

환경친화적인 재료 사용

재활용할 수 있는 자원, 친환경 유약 등을 사용하여 작품을 제작합니다. 이러한 재료는 환경에 미치는 영향을 최소화할 수 있습니다.

에너지 효율성 고려

도자기를 굽는 가마 사용 시 재생 가능 에너지원이나 에너지 소모를 줄이는 방법을 고민해야 합니다. 이러한 점은 작업장을 설계할 때부터 반영할 수 있습니다.

지역 커뮤니티와 협력

지역사회와 협력하여 지역 자원을 활용한 도자기 제작을 통해 탄소 발자국을 줄이고, 지구 환경을 보호하는 방향으로 나아가야 합니다.

작품의 메시지

작품을 통해 환경 메시지를 전하거나 관객에게 지속가능성에 관한 생각을 일깨우는 요소를 담아내야 합니다. 이를 통해 소비자들에게도 환경에 관한 관심을 불러일으킬 수 있습니다.

재사용 및 재활용

작업 시 원자재의 손실을 적게 하고 재사용이나 재활용 등을 고려합니다. 작품을 최종적으로 사용할 수 있는 환경을 고려하여 재사용 가능성이 높은 디자인을 적용하는 방법도 있습니다.

지속가능성을 위한 제안서

환경지킴이를 꿈꾸는 도예가

어쩌다
맹꽁이지킴이

#숲 #숲해설가 #평생교육 #지속가능 #학교숲

#식물원 #발달장애인숲체험 #유아숲지도사 #맹꽁이

#산림치유사 #멸종위기동식물 #자연관찰 #기록가

임영주

Q. 어떤 계기로 환경인이 되셨나요?

A. 강남의 빼곡한 아파트 숲에서 자란 저는, 숲해설가가 되리라고는 꿈에도 상상하지 못했어요. 결혼하고 경력 단절 여성이 되어 두 딸을 키우며 수리산자락에 살았지요. 어느 한가한 오후, 뒷산에 난 오솔길을 따라 등산하다가 숲 체험하는 아이들을 만나고, 숲안내자 공부를 시작한 것이 계기가 되었어요.

Q. 주로 어떤 일을 하시나요?

A. 숲해설가는 숲과 사람을 이어주는 역할을 합니다. 숲은 사람이 만든 것이 아닌 자연의 것을 아우르는 말이에요. 우리 주변의 살아있는 생태계에 속해있는 사람이 자연과 멀어지면서, 잃어버린 것들을 일깨워 주는 작업입니다. 유아들은 유아에 맞게, 청소년이나 성인들까지, 그에 맞는 프로그램을 개발해서 숲해설을 하고 숲놀이를 합니다. 숲이나 공원, 때로는 실내 공간까지 자연물을 가지고 찾아가기도 하지요. 발달장애인센터에서 숲해설가이자 산림치유사로도 일합니다. 틈틈이 자연에서 만나는 모든 것들을 그림과 글로 기록합니다.

Q. 지속가능성에 어떻게 기여하고 있나요?

A. 46억 년 지구의 역사를 24시간으로 환산하면, 인간이 태어난 시간은 23시 59분 12초라고 해요. 현생인류는 59분 56초에 태어났는데, 고작 4초밖에 안 된 우리가 지구를 망가트리고 있어요. 지구상에 태어난 수많은 생명체들의 치열하게 살아가는 방법을 알게 되면 가장 고등생물이라고 하는 우리 인간이 함부로 살면 안 된다는 것을 알게 돼요. 꽃 한 송이, 개미 한 마리를 사랑하는 사람은 나까지 사랑하지 않을 수가 없지요. 작은 꽃 한 송이를 지키려는 생각을 가지게 하는 체험이 쌓이고 쌓여서 지속가능한 미래가 가능하다고 생각해요.

Q. 나의 지속가능한 삶을 한마디로?

A. 세상에서 소중하지 않은 생명은 없는데, 그건 바로 나야.

170
임영주

강남 소녀 맹꽁이지킴이 되다

아파트가 숲을 이룬 강남의 아파트, 지금은 더 높이 솟아 하늘도 보이지 않을 것 같은 잠실 아파트 3단지가 자못 수줍음 타던 소녀가 어릴 적 살던 곳이다. 아파트 놀이터에서는 쇳내 나는 뺑뺑이를 타고 그네를 타던 기억밖에 없는데, 5학년 때 잠실동 주택으로 이사를 하고 나서 옆집 오빠, 아랫집 언니 윗집 동생 같은 동네 친구들이 생겼다. 아이들은 모여서 술래잡기도 하고, 멀리 더럽고 냄새나는 양재천을 놀러 갔다 오곤 했다. 생각해 보면 가장 행복했던 추억은 역시 자연과 함께했던 추억인 듯하다. 외할머니댁 개울에서 고기 잡고 놀고, 큰아버지 댁 식구들과 참외밭에서 참외 따던 자연과의 기억들, 첫사랑을 떠올리면 그와 만났던 바닷가 풍경부터 생각나듯이 말이다.

그런 기억이 있는 소녀는 어느덧 자라서 검은 호수 같은 눈을 가진 자와 한눈에 반해 결혼하고 산본이란 신도시에서 아이들을 낳아 기르는 아줌마가 되었다. 살던 아파트는 집에서 한 발만 내디디면 산이 있는 곳이었다. 어느 날 아파트 옆 오솔길을 따라가며 등산하다가 아이들이 숲체험을 한다고 신나게 숲선생님을 따라다니고 있는 것을 보았다. 너무 재미있어 보여서 숲체험교육을 하는 단체에 들어갔는데 봉사하면 숲에 대해 알려준다고 했다. 처음 한 봉사는 한겨울에 맹꽁이 대체 습지를 지키는 것이었다.

맹꽁이는 멸종위기 2급인 동물이라서
서식지에 아파트를 짓게 되면 대체서식지
를 만들어서 보존해야 한다. 맹꽁이가 잘
살아 있는지, 맹꽁이의 먹이인 땅속 곤충
들도 잘 있는지 알려면 주변의 모든 자연
물을 기록해야 했었는데, 강남에서 자란 나에게 생전 보지도 듣지도
못한 맹꽁이를 12월 한겨울에 기록하라니, 그것도 습지를 지키라니
황당했다. 한가로운 숲 언저리 논이 있던 습지는 개발한다고 파헤쳐
놓은 상태로, 그 자리를 지키고 있다 보면 벌거벗은 나무에 새들만 오
고 갔다.

그래서 제일 먼저 산 것이 새도감이었다. 새를 관찰하고, 새가 먹는
애벌레가 사는 풀과 나무에 대한 도감을 보고, 풀에 오는 곤충에 관한
도감을 보며, 심심할 때마다 보고 또 보고 관찰하고 기록하며 하나하
나 이름을 알아가기 시작했다. 그러다 보니 어느새 장마철이 되었고
우주선같이 투명한 띠를 두르고 동동 떠다니고 있는 동그란 맹꽁이
알을 만나게 되었다. 그 영롱한 보석 같은 생명체에 팔짝팔짝 뛸 듯이
기뻐했던 기억과 추억을 아이들에게도 알려주고 싶어서 숲해설가가
되었다.

임영주

그렇게 쳐다보면 반하나 안 바나나?

"저기 있는 저 빨간 럭비공 같은 덩어리는 무엇일까요?"

- 바나나 꽃은 연노란색이다.
- 겉은 자주빛. 봉은 모양에 나란히 나란히 있다가 펴가 말려 올라가며 드러난다.
- 야생에는 벌새가 꿀가루 받이를 해주지만, 우리가 먹는 바나나는 씨앗이 밴단한 건이라 씨가없다.
- 바나나 꽃은 거꾸로 특별 꼭이 뚜뚜 떨어지는데 그 맛이 달더 달다.

2024. 2.22. 벌새를 그리는 아기 바나나를 그려었다.

식물원에서 숲해설 참가자들에게 묻는다.

"그렇게 자꾸 쳐다보면 반하나 안 바나나? 정답은? 네, 맞습니다. 바나나꽃입니다. 여기에 꽃이 몇 송이 있을까요? 이 자줏빛 나는 것이 포라고 불리는 꽃싸개잎이고요. 포가 벌어진 사이에 가지런히 달린 것이 꽃입니다. 꽃 한 개에서 바나나가 한 개씩 열리는 것이죠. 향기가 엄청나죠?

안에 달콤한 꿀이 들어 있습니다. 바나나가 꿀을 왜 만들었을까요?

열매를 맺게 도와주는 것은 무엇일까요? 바람일까요, 곤충일까요?

바나나꽃은 벌새 같은 새들이 꿀을 빨기 좋게 대롱처럼 꽃을 길게 진화시킨 꽃입니다. 바나나 나무는 영리하게도 꿀을 안쪽에 숨겨놓고 새가 꽃을 빨 때 꽃가루를 묻힙니다. 새가 여기저기 다니면서 꽃가루를 수분시켜 주는 것이죠. 바나나가 더 영리한 것일까요? 새가 더 영리한 것일까요?"

바나나꽃이 길어짐과 동시에 벌새의 부리도 길어지면서 서로 공진화했다고 여겨지고, 서로 도움을 주는 사이를 공생관계라고 한다. 그런데 바나나가 멸종위기란다. 사람들은 동남아의 열대지역에서 자라던 바나나를 품종 개량하여 기후가 맞는 아메리카대륙의 파나마지역에서 재배했고, 같은 유전자를 가진 단일품종으로 대규모 키워내면서 야생에서는 잘 자라던 바나나와 달리 병에 쉽게 걸려 한꺼번에 죽게 되었기 때문에 나온 말이다.

엄밀하게 말하면 인간이 개발한 씨앗 없는 바나나의 품종이 멸종위기이지 야생에는 아직도 많은 바나나 품종이 있다. 하지만 인간의 열대우림개발과 기후위기로 야생의 바나나들도 안전하지는 못하다.

작은 식물 하나가 살기 위해 처절하게 환경에 적응하고 진화하는 과정들, 생물다양성의 중요함, 지구 생태환경을 지켜야 할 이유 등을 설명하면, 참가자들이 절로 고개를 끄덕이며 감동하는 모습을 보인다. 그럴 때 숲해설가로서 보람을 느낀다. 지구생태계의 한 일환으로서

임영주

풀 한 포기는 살린 것 같아 가치 있는 일을 한 것 같다. 그래서 오늘도 침 튀기며 신나게 숲해설을 한다.

애벌레 한 마리도 없는 공원에서 숲 수업

아무리 자연을 사랑하고 벌레 한 마리도 소중하다고는 하지만 모기는 싫다. 추운 겨울이 지나고 파릇파릇 새싹이 싱그럽게 올라오며 아름다운 꽃들이 피는 봄은 언제 왔는지 가버리고, 기후위기로 인해 여름이 마냥 길어졌다. 여름이 온다는 건 모기라는 불청객도 함께 온다는 것이라 밖에서 수업하는 숲해설가로서는 끔찍하기만 하다. 수업의 대상이 아닌 모기는 지긋지긋한 벌레일 뿐이다. 사람들이 많이 다니는 숲은 더욱더 모기소굴인데, 물린 뒤의 가려움이란 상상하기도 싫다. 가려움을 느끼는 것이 사람마다 다르기는 하지만 나만 유독 별난 건지도 모르겠다고 생각하기도 했다.

그런데 여러 해에 걸쳐 수업하다 보니 몇 방 모기에게 물려도 전보다 가렵지 않고 참을 수 있는 나를 발견했다. 모기에 내성이 생긴 것이다. 어려서부터 자연환경에 많이 노출되어 있었다면 아마 모기를 덜 무서워하지 않았을까!

벌레를 잡겠다고 약을 치면 참가자들과 함께 볼 벌레가 별로 없다. 숲에 벌레가 많아야 새들이 먹고 살고, 숲에 건강한 잎들이 많아야 애

벌레들이 먹고 산다. 우리가 좋아하는 나비도 어렸을 때는 애벌레였
는데, 우리는 너무나 벌레를 싫어하는 것은 아닌지. 우리들이 앓고 있
는 현대인들의 병들 중에 환경오염과 더불어 깔끔해서 생긴 병이 아
토피라는 이야기가 있다.

'꿀벌 실종 사건'이라고 꿀벌들이 사라져서 인간들이 먹는 과일과 채
소에 수분을 해주지 못해 가격이 올라갔었던 적이 있었다. 이대로 가
면 인류도 멸종될 것이라는 이야기도 있었다. 과학자들이 연구했더니
기후위기와 환경오염 때문이기도 하지만 주원인은 '살충제 때문이었
다.'라고 한다.

어려서 애벌레들과 놀아본 추억이 있는 친구들은 자라나서 친환경
살충제를 만들고 나아가 살충제를 뿌리지 않는 환경을 만들어 살 것
이라고 믿는다. 그것이 지속가능한 지구를 위한 삶이자 우리 모두의
생존을 위한 길이 될 것이니까.

세상에서 소중하지 않은 생명은 없다

사람과 자연을 이어주고 소통하게 만들어주는 것이 숲해설가이기
에 '어떻게 하면 좀 더 잘 전달할 수 있을까'에서 시작해서 풀 공부, 나
무 공부, 곤충 공부, 양서파충류에서, 조류 포유류까지 닥치는 대로
공부를 하다 보니 나중에는 사람까지 공부해야겠다는 생각이 들어서

176

임영주

산림치유사 공부도 했다. 산림치유는 숲의 다양한 환경을 활용하여 인체의 면역력을 높이고, 신체적 정신적 건강을 회복시키는 활동이고, 산림치유사는 숲해설가와 마찬가지로 산림청에서 인증하는 국가 자격증의 전문가이다.

숲해설가로서 사람들을 만나면서 세상에서 소중하지 않은 생명이 없음을 알려주고, 산림치유사로서 아픈 사람들을 만나면서 '세상에서 소중하지 않은 생명이 없는데 그건 바로 너 자신이야'라고 이야기 해주고 싶다. 꽃 한 송이, 개미 한 마리를 사랑하는 사람은 나까지 사랑하지 않을 수가 없을 것이다. 작은 꽃 한 송이를 지키려는 생각을 가지게 하는 체험이 쌓이고 쌓여서 추억이 되고, 그 추억을 사랑하는 사람들이 모여서 지속가능한 미래가 가능하다고 생각한다.

임영주

강남 아파트 숲에서 맹꽁이도 모르고 자랐지만, 이제는 아파트 풀밭 위에 한 평 땅만 있어도 하루 종일 꽃과 나비와 나와 지구와 우리에 관해 이야기할 수 있는 두 아이의 엄마이자 지구를 지키는 숲해설가, 산림치유사이며 글과 그림으로 자연관찰을 하는 기록가이기도 하다.

숲해설가는

숲해설가는 숲과 자연환경에 대한 전문지식을 바탕으로 일반 대중에게 자연환경의 중요성과 생태계를 교육하는 직업입니다. 이들은 생태학, 식물학, 동물학 등의 지식으로 숲의 생태적 가치와 다양한 생물들의 상호작용을 설명하며, 사람들에게 자연과의 연결을 도와줄 뿐 아니라 지속가능한 삶을 추구하도록 유도합니다.

숲해설가를 위한 준비과정

기본 교육 이수

자연환경, 생태학 등과 관련된 기초 지식을 학습합니다. 이론을 배우기 위해 관련 전공자의 학위(예: 생물학, 환경과학 등)를 취득하는 것이 좋습니다.

해설가 교육 프로그램 참여

많은 기관에서 숲해설가 양성을 위한 전문 교육 프로그램을 시행합니다. 이를 통해 현장 경험과 전문성을 쌓을 수 있습니다.

자격증 취득

산림청에서 인정하는 기관에서 숲해설가 양성과정을 이수하고 자격증을 취득하면 공식적으로 숲해설가로 활동할 수 있는 자격을 얻게 됩니다.

자원봉사 및 경험 쌓기

지역사회에서의 자원봉사나 산림복지업에서 수시로 나오는 수업을 통해 실무경험을 쌓습니다.

임영주

🌱 숲해설 전문가로 성장하려면

계속되는 학습

최신 생태학 연구와 교육 방법에 관한 공부를 지속적으로 합니다. 관련 세미나나 워크숍에 참가하여 지식을 업데이트합니다.

네트워킹

다른 숲해설가 및 환경 관련 전문가와의 교류를 통해 경험과 정보를 공유합니다.

자기 브랜드 구축

SNS나 블로그 등을 통해 자기 경험과 해설 내용을 공유함으로써 개인 브랜드를 구축합니다. 이는 다양한 교육 기회를 열어줄 수 있습니다.

전문 분야 특화

특정 분야(예: 주말 가족 프로그램, 청소년 대상 교육 등)에 특화된 전문성을 개발하여 경쟁력을 높입니다.

🌱 평범한 숲해설가의 지구하기

온라인 교육 활용

집에서 가능한 온라인 교육 플랫폼을 통해 환경교육, 생태학, 소통 기술 등을 학습합니다.

지역사회 참여

지역 커뮤니티의 환경 관련 행사나 프로젝트에 참여하여 경력을 쌓고, 새로운 사람들을 만나는 기회를 얻습니다.

어쩌다 맹꽁이지킴이

시간과 상황에 따라 환경 관련 자격증을 취득하여 전문성을 넓힙니다.

경험이 많은 멘토를 찾아 조언을 구하고, 그들의 경로를 참고합니다.

일상에서 환경보호 활동(예: 일회용품 쓰지 않기, 재활용, 지역 농산물 구매 등)을 실천하고, 다양한 목소리를 내는 환경단체들에 후원하며 연대하여 구조적인 변화를 모색하려 노력합니다.

지속가능성을 위한 제안서

임영주

아이들을 따라
숲에 머무르다

#아이눈숲 #유아 #초등 #아이들의눈으로보는숲
#주말숲학교 #방과후숲학교 #숲놀이 #아이주도
#함께하는가치 #보이차 #백차 #찻자리

생태 교사
잔디

Q. 어떤 계기로 환경인이 되셨나요?

A. 저는 서울에서 태어나 수도권에서 살았던 90년대생치고는 운 좋게 시골에서의 삶을 경험할 기회가 많았습니다. 아주 어릴 때부터 초등학교 6학년까지는 1년의 절반 정도를 당진에 있는 외갓집의 마당과 텃밭, 뒷산을 누비며 자랐어요. 지금 생각하면 돈 주고도 사지 못할 귀한 경험이었습니다. 차로 5분 거리인 집 근처 포구는 저의 두 번째 놀이터였어요. 마트에서 깨끗하게 손질된 생선을 사는 요즘과는 달리, 주문하면 그 즉시 눈앞에서 팔딱거리며 손질되는 생선을 멍하니 바라보며 외할머니의 장보기가 끝날 때를 기다리는 시간이 익숙했습니다. 지금은 시멘트로 막혀버린 갯벌도 내 세상인 듯 누렸고, 식탁에는 항상 텃밭 채소와 제철 해산물이 가득 올라와 있었죠. 겨울이 되면 접시에 산더미처럼 쌓인 굴을 새우깡 주워 먹듯 쉼 없이 먹다 질려버린 기억이 납니다. 나보다 한 살 많은 바둑이와 진순이를 친구 삼고, 자연과 더불어 살아가는 삶의 지혜를 아낌없이 나누어주신 외할아버지와 외할머니께 의지하며 어린 시절을 보냈어요.

그러다 성인이 된 저는, 내 인생을 송두리째 바꿔준 '어린이'라는 존재를 만났어요. 그런데 정말 신기하지 뭐예요? 어린이의 뒤를 졸졸 따라가다 보면 그 끝에는 언제나 자연이 있었어요. 나뭇잎 한 장에도 눈을 떼지 못하고 한참을 바라보고, 흙 한 줌으로도 온종일 시간 가는 줄 모르고 놀 줄 알았으며, 아주 조그마한 물줄기로도 온갖 상상력을 펼치며 새로운 세상을 만들어 내는, 그런, '어린이'. 저는 그런 '어린이'를 너무나 사랑하게 되었어요. 어린이 덕분에 잊고 지냈던 어린 시절 나의 자연 놀이터들을 다시금 떠올릴 수 있었죠. 어린이를 통해 세상을 바라보고, 어린이의 세상을 지켜주고 싶다는 소망이 생겼습니다.

어린이요, 숲에 떨어진 작은 사탕 껍질을 봐도 지구가 아프다며 한참을 슬퍼해요. 자연을 있는 그대로 받아들이고, 자연이 우리의 친구임을 마음으로 이해하는 존재죠. 어린이들과 함께하면 나의 어린 시절 추억이 떠올라 자연이 더욱 소중해져요. 그렇게 지내다 보니 저절로 환경인이 되었습니다.

Q. 주로 어떤 일을 하시나요?

A. 숲에서 어린이를 만납니다. 어른이 어린이를 가르치는 대신, 어린이의 시선을 어른이 따라가는 '아이눈숲(아이들의 눈으로 보는 숲)'이라는 생태수업을 꾸려가고 있습니다. 수업하기 전에 커리큘럼을 짜거나 교수 자료를 만들지 않는 수업이에요. 커리큘럼을 만들면 어린이가 저를 따라와야 하는데, 제가 아무리 노력해도 어린이보다 더 재밌는 수업을 만들 수는 없다고 생각하기 때문입니다. 놀이도 아이들이 스스로 해야 모든 것을 해소하고 행복감을 느낀다고 생각했어요. 그렇다고 손 놓고 아무것도 하지 않는 교사는 아니에요. 아이들이 마음대로 놀 수 있게 그저 내버려 두는 듯하면서도 깊이 있는 관찰을 하려고 노력하죠. 그렇게 2년을 하고 나니 계속 이렇게 해도 되는지 고민이 되었어요. 아이눈숲의 교육이 아이들에게 진정 최선일까 불안하기도 했습니다. 그때, 존경하는

스승님께서 마음을 울리는 이야기를 해주셨어요. 숲 놀이의 정석은 아이들이 자유롭게 마음껏 노는 것이니 그대로도 충분하다고요. '목동은 풀 뜯는 법을 가르치지 않아요. 단지 푸른 초원으로 안내하고 늑대들로부터 지켜주는 일뿐이죠.'. 말씀을 들으며 안도의 한숨을 내쉬려는 순간, 이렇게 덧붙이셨어요. '다만, 어디에 좋은 풀이 있는지 매일 고민해야 합니다.'. 한동안 머리가 띵해져 말을 잇지 못했어요. 그리고, 그 이후로 2년이 지난 지금까지 정말 하루도 빠짐없이 매일 고민하고 있답니다. 그저 아이들을 '그냥 두기'에만 치중했던 나날에서 '보다 좋은 풀'을 만나게 하기 위한 고민으로 나아갔어요. 이전에도 정말 아무것도 하지 않은 건 아니지만, '좋은 풀'에 대한 고민보다는 '자유'에 대한 갈망이 컸거든요. 하루의 대화로 저의 일 년을 살게 해주시는 스승님이 어떤 분이신지 적고 싶지만, 제가 가장 사랑하는 찐빵 선생님 덕분에 뵈었다고만 말할 수 있어요.

긴 글을 정리해 보면, 저는 주로 '아이들을 만나는 일', '아이들이 좋은 풀을 만나도록 고민하는 일', 그리고 '그 모든 과정을 글과 저널로 기록하는 일'을 하고 있습니다. 강의가 없는 날에는 대부분 글을 쓰고 있어요. 아이들과 활동한 모든 시간을 기록하려 욕심내다 삶이 버거울 정도로 기록을 해요. 기록물은 부모님을 비롯한 어른들에게 전하고 있습니다. 어린이가 숲에서 수많은 꿈과 행복의 씨앗을 싹틔우는 데에 반해, 아직 그 시간의 소중함이 세상에 고루 알려지지 않았다고 생각하거든요. 저는 어린이가 숲에서 마음껏 뛰어노는 일의 중요성을 어른들에게 '어린이의 시선'을 통해 알리고자 글을 씁니다. 언젠가 제가 가진 직업이 세상에 필요하지 않을 정도로 자연을 벗 삼아 자라는 아이들이 많아지기를 간절히 바라고 있답니다.

아이들을 따라 숲에 머무르다

Q. 지속가능성에 어떻게 기여하고 있나요?

A. 어린이 교육을 통해 기여하고 있습니다. 생태수업 내에서 '일회용 쓰레기가 발생하지 않는 간식 가져오기'와 '물티슈 대신 물을 묻힌 가제 손수건 사용하기'라는 규칙을 정해 실천하고 있어요. 적어도 어린이가 숲에 가기 위해 챙기는 준비물 중에서는 쓰레기가 없도록 하는 거지요. 작지만 큰 실천입니다. 쓰레기를 잘 버리는 것도 중요하지만, 애초에 쓰레기가 생기지 않게 노력하는 것도 중요하거든요.

그러다 예상하지 못한 결과를 얻기도 했습니다. 어린이들에게 이런 행동이 습관이 되어서, 집에서 나들이 갈 때도 비닐 포장 음식이 눈에 보이면 눈에 불을 켜고 부모님을 혼낸다는 거예요. "쓰레기를 숲에 가져가면 어떡해!" 하면서요. 간식만 깔끔하게 꺼내어 먹다가 다시 가방에 쏙 집어넣는 과정을 반복하면서, 숲에 마구 버려진 쓰레기들을 더욱 이질적으로 느끼며 잘 찾아내는 모습도 발견했습니다. 어린이들은 쓰레기를 보면 화를 내거나 슬퍼하다가 "잔디, 다음에 쓰레기봉투 좀 가져와 줘. 숲에 있는 쓰레기 전부 줍재!"라며 직접 플로깅을 제안하기도 합니다.

그러나, 이러한 긍정적인 효과의 이면에는 모순되는 점도 있습니다. 다회용기 안에 깔끔하게 들어간 부모님이 싸주신 간식 중에는, 본래 개별 포장되어 있다가 규칙을 위해 비닐 껍질을 버리고 내용물만 쏙 빼내어 들어간 것도 많거든요. 어차피 이럴 거면 무슨 의미인가 하는 의문이 제기되기도 했어요.

그렇지만, 숲으로 가는 발걸음에 지구가 아프지 않기를 바라는 마음을 담는 것만으로도 아주 소중한 의미가 된다고 생각해 계속 실천 중입니다. 이 마음들이 모여 지속가능한 지구에 이바지할 수 있기를 바라요.

Q. 나의 지속가능한 삶을 한마디로?

A. 어린이와 함께하는 삶

외갓집에서 먹 갈고, 풍류 즐기며 자란 유년기

　나는 아장아장 걸을 때부터 초등학교 6학년이 될 때까지 1년 중 절반 이상을 충남 당진에 있는 외갓집에서 보냈다. 아빠는 시골에 외갓집이 있는 것은 큰 복이고, 그곳에서 지내는 경험만큼 큰 자산이 없다고 했다. 그 말은 맞았다. 나는 외갓집에서 내 인생의 황금기를 보냈다.

　아빠는 돈 버느라 가끔만 가고, 대부분 엄마랑 나랑 여동생이 함께 가서 지냈다. 내가 외할아버지를 좋아하며 잘 따르고, 예쁨을 많이 받아서 더 자주 갔었다.

잔디

나는 외할아버지를 좋아했지만, 고생은 외할머니께서 다 하셨다.

"삼모녀가 우리 집 다 거덜낸다!"

외할머니의 외침에 온 가족이 웃느라 매일 배꼽이 빠졌다. 외갓집만 가면 모든 음식이 왜 그리 다 맛있는지, 외할머니 음식 솜씨는 왜 그리 좋은지!

맛있는 음식을 매일 한가득 만들어 주시면서도 고래고래 소리치는 호랑이 할머니와 말하지 않아도 내 마음을 다 알아주시는 외할아버지와 함께한 시간은 궁합이 좋았다.

흙만 밟고 두 달 가까이 살다가 방학이 끝나 고속버스를 타고 인천 터미널에 도착하면, 시멘트 바닥을 밟는 것이 낯설어 비틀거리게 된다. 십 년 넘는 시간을 그렇게 보내고 나니, 외갓집은 내가 가장 사랑하는 공간이 되었다.

언제나 온화하고 따스한 모습으로 나를 비춰주신 외할아버지는 나의 첫 스승이셨다. 어려서부터 호기심이 넘쳐 흘렀던 나는 눈 뜨자마자 질문하기 시작해서 저녁 먹고 잠들 때까지도 질문을 해대는 외손녀였고, 외할아버지께서는 그런 외손녀의 질문들을 단 한 번도 귀찮아하는 기색 없이 받아주셨다. 도리어 그런 내가 영특하다며 예뻐하셨다는 이야기는, 나중에 외할아버지께서 돌아가신 이후에 엄마한테 들어서 알았다.

아주 가끔은 먹을 가는 숙제도 받았다. 외할아버지께서는 종종 먹을

아이들을 따라 숲에 머무르다

갈아 붓글씨를 쓰셨는데, 내가 숙제를 받아 가면 금방 사선이 되는 먹이 외할아버지 손에서는 늘 수평이 맞았다. 먹 가는 것이 재밌어서 매일 하고 싶어도 원할 때 할 수는 없었다. (하기 싫을 때만 먹을 갈라고 말씀하신 이유를 이제야 알겠다.)

그 시절에도 전자피아노를 치셨으며, 맛난 점심을 먹고 난 오후에는 창호지 문을 열어놓고 풍금을 부신 외할아버지는 풍류 시인. 바람을 타고 날아가는 듯한 기분 좋은 풍금 소리를 먹고 자란 어린 시절은 언제나 자연과 풍류가 함께였다.

나를 지구인으로 길러준 외할아버지의 새끼손가락

매일 외할아버지 새끼손가락을 꼭 쥐고 어디든지 따라다니는 것은 내 시골살이의 가장 큰 낙이었다. 외할아버지께서는 키도 크시고, 손도 크셔서 어릴 땐 새끼손가락 하나만 잡기도 버거워 종종거리며 따라다녔다. 그러다 점점 세 손가락을 한 번에 잡게 되었다가, 팔짱을 끼고 주렁주렁 매달려 다닐 때까지도 나는 외할아버지 바라기였다.

외할머니께서 음식 준비에 바쁘셨던 만큼, 외할아버지는 농사일로 바쁘셨다. 나는 궁금한 게 많아 거의 모든 농사에 참여했다. 호기심을 이기는 아침잠 덕분에 새벽부터 움직이는 일만 해보지 못했다. 농사가 궁금했다기보다는, 내가 좋아하는 외할아버지가 하는 모든 것이

잔디

궁금했다는 표현이 맞는 것 같다. 외할아버
지와 함께하면 마음이 편안했고, 외할아버
지가 하는 모든 것을 같이하고 싶었다.

그러나 정작 내가 크게 도움될 만한 일은
없었기에 나의 주요 업무는 '김매기'였다. 외
갓집에서는 풀매기라고도 하고, 김매기라
고도 했다.

외할머니와 두런두런 이야기 나누며 나
물을 다듬는 것도 내가 맡은 일 중 하나였다. 앞마당 평상에 앉아 따
스한 바람을 맞으며 찬물에 넣어둔 마늘 껍질을 까고 나물 다듬는 시
간이 참 좋았다. 옥수수를 먹으며 나물을 다듬다가, 남은 옥수수는 바
둑이에게 던져주었다.

농사다운 농사라면 '고추 따기', '깨 털기'가 생각난다.

배추 씨앗도 외할아버지 옆에 꼭 붙어서 매년 심었다. 고춧대를 세
우는 일은 어른들이 하는 거라고 열외되었다.

두 분이 연세 들어가시면서 점점 밭의 크기를 줄여 마을 분들에게
농사지을 땅을 많이 나누어주셨다고 했다. 그 이후에 내가 태어난 건
데도 나에게는 고추밭도, 배추밭도, 이런저런 밭들이 전부 너무나 크
고 넓었다. 고추는 따도 따도 끝이 없고, 배추 씨앗은 여러 명이 달려
들어 심어야 하루 안에 겨우 다 심었다.

아이들을 따라 숲에 머무르다

특히 깨를 터는 일은 정말 허무하다. 깨는 어릴 때만 해서 정확한 기억은 아니지만 분명 수확도 힘들었고 말리는 과정도 오래 걸렸는데, 결과물이 너무 박했다. 외할아버지께 건네받은 키로 하루 진종일 깨만 턴 것 같은데 얻은 깨는 고작 한 줌. 한 알, 한 알이 금 같아서 포대에 떨어진 깨를 빠짐없이 쓸고 줍는 게 깨 터는 시간보다 더 오래 걸렸다. 그렇지만 이런 농사들은 힘들어도 뿌듯하고, 왠지 모르게 재미도 있었다.

그것만 아니면 다 좋았다. 차라리 고추 백 개를 따고 말지 그건 정말 싫었다.

"그럴 거면 김이나 매여."

내가 제일 싫어하는 말. 이건 외할아버지가 말해도 소용없다.

"윽. 싫어!"

보기만 해도 약이 오르고, 심술이 난다. 내가 열심히 심은 씨앗은 배추 씨앗인데, 왜 본데없는 풀들만 잔뜩 자라는 거냐고. 난 너를 심은 적이 없는데!

"이 싹은 어차피 큰 화분에 옮길 거면서 왜 처음엔 작은 곳에 넣어놔요?"

"석류 열매는 왜 이렇게 씨앗이 많아요?"

"어떻게 국화꽃을 커지게 한 거예요?"

늘 궁금해서 질문하던 내가 유일하게 화가 나서 하는 질문은 잡초에

잔디

대한 것뿐이었다.

"잡초는 왜 자라요? 쓸모도 없는데!"

나는 밭에만 가면 잡초에 분노했다.

"잡초도 이유가 있어 자라는 게지."

"잡초는 얼마나 섭하겠니. 열심히 자랐는데 뽑히고 또 뽑히고…."

정확하게 기억할 수는 없지만, 외할아버지께서는 내내 속 타는 말씀만 하셨던 것 같다. 지금 생각하면 잡초의 입장도 헤아리며 자연을 바라볼 수 있는 그런 말씀이었지만, 큰 뜻을 이해하기에 나는 너무 어렸다.

그러던 어느 날, 내가 외할아버지의 꼬임에 넘어가 김매는 일에 승부욕을 불태우게 되었다. 처음 시작이 잘 기억나지 않지만, 김 하나 제대로 매지도 못하면서 무시한다는 뉘앙스를 풍기신 것 같다.

"네 고랑 다 맬 수 있거든요?"

라고 외쳤던 순간만 기억이 난다. 그렇게 오후 두 시부터 여섯 시까지 네 시간 동안 쉬지 않고 혼자 풀을 맸다. 두 시인 것을 보고 나가 저녁을 먹으려니 여섯 시였던 시곗바늘도 떠오른다. 호언장담 한 대로 네 고랑을 다 매고 들어와 의기양양하게 식탁에 앉았는데, 외할머니 외할아버지께서 검사하러 갔다 오시더니 웃음을 참으며 말씀하셨다.

"처음 고랑만 깨끗하고 그다음부턴 매다 말았구먼."

어른들이 배 잡고 웃을 동안 씩씩대며 나가보니 두 분 말씀이 맞았

아이들을 따라 숲에 머무르다

다. 그 이후로도 잡초는 싫었고, 김매라는 소리 듣기 싫은 건 여전했지만 그래도 김매는 일을 무시하지는 못했다. 하찮아 보이지만, 절대 쉽지 않은 김매기. 그 일을 수십 년째 매일 하고 계시는 두 분. 이름도 없으면서 마구 자라는 풀들이 미우면서도 외면할 수 없던 어린 시절이었다.

그렇게 시간이 흘러 열두 살이 넘어갔을 무렵, 밭에서 자주 본 잡초가 길가에 피었기에 다가가니 꽃봉오리가 있었다. 미운 감정은 어쩌면 깊은 관심과도 같은가보다.

다음 날 다시 가보니 잡초 꽃봉오리에서 아주 작고 예쁜 꽃이 피어올랐다. 새끼손톱보다 작고, 파란 꽃이었다. 한참을 바라보다 외할아버지께 여쭤보니 이름도 있었다.

'미운 잡초도 꽃이 핀다고?'

조그마한 국화꽃을 어른 머리 크기만큼이나 크고 아름답게 만들어 내는 외할아버지의 화원에는 온 동네 사람들이 구경 올 정도로 화려하고 유명한 꽃들이 많았지만, 난 어느 새부터인지 바닥만 보며 다니게 되었다.

돌 틈에, 벽 아래에, 계단 사이에 손톱보다도 작은 꽃을 피우는 잡초들을 오랜 시간 들여다보게 된 것이다. 넘치는 호기심을 정답으로 꽁꽁 묶어두셨다면 영영 알지 못했을, 지구의 작고 소중한 생명에 관한 관심의 시작이었다.

길 잃은 나의 꿈

행복한 시절은 영원하지 않았다.

중학교 1학년이 되던 해 여름, 외할아버지께서 투병 끝에 돌아가신 후로 외갓집에 발길이 점점 뜸해졌다. 돌아가시기 전날까지도 바둑을 가르쳐주시려 바둑판을 가져오라고 힘들게 손짓하신 외할아버지의 말씀에 철없이 귀찮아하던 내 모습이 떠올라 마음이 힘들기도 했다.

죽음이라는 것이 무엇인지 몰랐던 나는, 외할아버지가 금방 훌훌 털고 일어나셔서 평생 내 곁에 있어 주실 줄 알았다.

외할머니 침대에서 같이 잘 정도로 외할머니도 좋아해 방학에는 최대한 가려고 했지만, 학업이 시작되니 주말이고 방학이고 학교 쉬는 날이면 항상 외갓집이었던 어릴 때처럼 할 수는 없었다.

방학이 길지도 않아서 이제는 '시골에서 살았다'라고 표현하긴 어려운 도시의 삶이 시작되었다.

'이제 정말 자주 올 수 없겠구나' 하는 생각이 들었던 날, 인천으로 출발하기 직전에 외갓집 구석구석을 빠짐없이 동영상으로 촬영해 두었다. 소중한 나의 세상을 마음에 품으며 보낸 고등학생 시절은 왜인지 공허한 나날이었다. 내가 무엇을 하고자 하는지 알 수 없었고, 연말이 되면 늘 우울감이 밀려왔다.

'나는 일 년 동안 무엇을 했나?'

'아무것도 한 게 없어.'

고등학교에 다니는 내내 무수한 계획에 비해 실천이 부족한 엉망진창 수험플래너를 보며 한 해를 뜻깊게 보내지 못했다는 죄책감에 시달렸다.

일 년의 대부분을 시골에서 보냈던 어린 시절에는 학원에 거의 가지 않고도 영재 소리를 들었다. 6학년 때는 교내 수학 경시대회 만점을 받아 영재교육을 받은 적도 있었고, 공부도 재밌었다.

중학생 때까지만 해도 상위 2% 근처에 있었는데, 고등학교에 올라가 공부에 흥미를 잃은 것 같다. 목적을 잃었다기엔 꿈이 애매했던 것은 어릴 때와 같았기에 흥미를 잃었다는 표현이 더 알맞다. 부모님은 중학생 때까지 공부하라는 말을 하지 않으시더니, 고등학교에 가니 계속 성적 이야기를 했다. 나는 삶이 즐거워서 공부도 즐거웠던 것인데, 이제는 삶의 자유가 없는 상태에서 오로지 공부만 해야 했다.

'왜?'라는 질문이 많고 중요했던 나에게 공부를 해야 하는 이유가 도저히 보이지 않았다. 무엇을 하고 싶은지도 모른 채 목적 없는 계획을 세우고, 수행하지 못하면 좌절하는 악순환이 반복되었다.

목표는 아빠가 말해준 서울대 경영학과, 이유는 모름.

경영학과에서 뭘 하는지도 모름.

성적은 턱없이 부족.

텅 비어가는 마음.

잔디

넘치던 호기심은 사라진 지 오래였다. 수능을 본 후에 아무 대학도 지원하지 않아 담임선생님이 시키는 대로 원서를 넣었다. 점수를 남겨 여유 있게 경기권 4년제 법학과에 합격했으나, 입학을 포기했다. 이 와중에도 서울 상위권 대학을 원하던 아빠에 의해 강제로 재수를 한 것이지만, 딱히 하고 싶은 것이 없었기에 잠시 좌절하다 그 뜻을 따랐다. 내가 무엇을 하고 싶은지 알 수 없어 수동적인 인생을 살았던 시기다. 재수를 왜 해야 하는지도 몰랐지만, 우리 집 코앞에 새 아파트 공사가 완공된 것도 모를 정도로 시키는 대로 착실하게 재수 생활을 했다.

그러던 어느 날, 나는 수능을 한 달 앞두고 돌연 시험준비를 멈추었다. 그날은, 내 삶을 주체적으로 살기 시작한 첫날이었다.

행복의 씨앗을 찾아서

아무 말 없이 시험준비를 멈추고 학원에 가지 않았는데, 막상 누구도 나에게 뭐라고 하는 사람이 없었다. 나는 한 달간 방 안에서 생활하며 홀로 생각에 잠겼다.

'나는 무엇을 위해 살아가는 거지?'

답을 알 수 없었지만 우선 확실한 건, 깨어 있는 시간 중 대부분을 일하며 살아야 한다는 것이었다. 하고 싶은 일을 찾으면, 적어도 일하는 시간 동안은 삶에 이유가 생길 것 같았다.

'무슨 일을 해야 하지?'

어릴 때부터 아빠가 말해준 의사, 교사, 판사, 변호사 등 소위 말해 사짜 직업만 생각하며 그게 무엇인지 알지도 못한 채 목적 없는 목표를 두고 달려왔다는 것을 깨달았다. 목적지가 어디인지 모른 채 시키는 대로 달리는 말. 그걸 깨달은 날, 나는 결심했다.

"내가 하고 싶은, 나를 행복하게 하는 일을 할 거야."

"그 누가 뭐라고 하든 상관없이."

사실 재수생 시절에는 조그마한 꿈이 생긴 상태였다. 재수학원 선생님이 '여기 꿈 있는 사람 있어?' 하고 물으면 같은 반 아이들이 나를 가리켜 '쟤만 있어요.'라고 할 정도로 빵 만드는 것을 좋아했다.

일곱 시에 시작해 밤 열한 시에 끝나는 학원 일정 후에도, 난 새벽까지 쿠키를 굽다 잠들었다. 제과제빵을 배우는 전문학교에 간다고 했더니 아빠는 모든 지원을 해주지 않겠다고 완강했고, 거기에 체념해 재수했던 것인데 이제는 지원을 받지 않으면 되겠다는 생각이 들었다.

그렇게 〈내 인생 평생직업 찾기 프로젝트〉가 시작되었다.

조건은 딱 하나였다. 나를 행복하게 하는 직업이면 되었다. 다른 것은 아무것도 보지 않았다. 그 당시 내가 넘어야 할 가장 큰 산은 아빠였는데, 아무리 반대해도 딸바보 아빠는 결국 딸을 이기지 못한다는 것을 알고 밀어붙였다.

잔디

"이제 내 인생은 내가 결정할 거야. 대신 한 푼도 지원해주지 않아도 돼."

할 말이 없어진 아빠는 결국 백기를 들었다.

스물세 살 여름, 처음으로 꿈이 생긴 그날까지 나는 오직 행복만을 따라가며 다양한 일을 경험했다.

하고 싶은 일과 잘하는 일이 다르다는 것은 재수생 시절 내내 일하고 싶었던 빵집에서 배웠다. 집에서 여유 있게 원하는 대로 만드는 빵과 직업적으로 빠르고 정확하게 정해진 대로 만들어야 하는 빵은 완전히 달랐다.

나는 정확함과 속도감이 필요한 일에 영 재능이 없었고, 빵집 일은 이틀 만에 자의 반, 타의 반으로 그만두었다. 무턱대고 제과제빵 학교부터 들어가지 않아 천만다행이라고 가슴을 쓸어내리며, 그 이후로도 '일단 경험해 보자.'라는 마음으로 호기심이 생기는 다양한 아르바이트에 도전했다.

대학도 가지 않고 아르바이트만 하는 삶에 대한 안 좋은 시선과 비난도 있었다. 하필 친가 외가 양쪽 사촌 중에 버클리 졸업생과 스탠포드 입학생이 있었고, 어릴 때 공부 잘하는 편이었다는 이유로 그다음 명문대생은 나일 거라는 기대도 있었다. 아빠는 집안을 통틀어 나만 별종이라고 했다. 안쓰럽게 보는 친구들의 시선도 힘들긴 했지만, 아랑곳하지 않았다. 시선이 무서워 내 인생을 망칠 수는 없었다.

아이들을 따라 숲에 머무르다

스물두 살에는 처음으로 아르바이트 신분에서 벗어나 직원으로 근무하게 되었다. 새롭게 오픈하는 향수매장 아르바이트에 지원했다가 한 달 만에 매장 매니저로 승진한 것이다. 다른 사람들 받는 기본급에 판매 수익에 따른 인센티브가 추가 계약되어 수입도 꽤 괜찮았다.

석 달쯤 되자, 매달 이달의 친절사원으로 선정되기 시작했고 반년 후에는 근무한 백화점 시상식에서 지점장님께 최우수 직원상을 받았다. 내가 기획한 행사는 시작하자마자 매출을 열 배로 올렸다. 나에게 서비스나 영업 분야에서의 특출난 능력이 있다는 것을 알게 되었다.

'내 행복의 씨앗은 여기에 있구나!'

이제 이 길에서 정착해야겠다는 생각도 했다. 향수매장은 호기심에 도전한 일이 아니라, 내가 가장 좋아하고 행복해하는 취미를 일로 연결한 것이기 때문이다.

우연히 향수에 대해 조예가 깊은 어느 브랜드의 조향사 이야기를 알게 된 후로, 향수에 관심이 깊어졌었다. 단순한 관심을 넘어 머릿속이 온통 향수로 가득 찰 정도였다. 향수 관련 잡지와 신문을 전부 찾아서 읽고 공부했고, 향수를 대량으로 구매하고 수집하는 취미가 생겨 달마다 수십 개의 향수를 사들였으며, 급기야는 향수로 제테크까지 했다. 그렇게 2년 정도의 시간을 보내다 향수매장 직원이 된 것이다.

그런데 이상했다. 분명 능력도 인정받았고, 손님들은 멀리서도 나에게 향수를 사겠다며 달려와 주었는데 나를 가장 행복하게 해준 나

잔디

의 취미가 완전히 사라져 버렸다.

향수 공부와 향수 수집. 수십 가지 향수를 매일 볼 수 있는 재미는 오래 가지 않았다. 어느 순간부터 나는 향수에 대한 정보를 찾아보지도, 향수를 구매하지도 않았다. 매출 걱정에 전전긍긍하고, 일희일비할 뿐이었다.

제일 싫었던 것은 변해가는 내 모습이었다. 백화점에서 근무할수록 화장이 진해지고, 말투가 거칠어졌다. 이건 내가 원하는 나의 모습이 아니었다.

행복의 씨앗이 조금씩 메말라갔다.

내 인생을 바꿔준 다섯 살 수민이

스물세 살이 된 해의 6월이었다.

'오늘은 얼마나 팔려나.'

혼자 생각하며 매장에 멀뚱히 서 있는데 어디선가 킁킁거리는 소리가 들려왔다. 아무것도 보이지 않는데 냄새 맡는 소리만 들리는 것이다.

까치발을 들어 매대 밖을 내려다보니 아직 키가 작아 매대 아래에서 열심히 킁킁거리며 향수 냄새를 맡는 여자아이가 보였다. 그 아이도 한껏 까치발을 들고 있었다. 나는 어린이를 만난 경험이 없어서 그냥 손님 대하듯 하면 되겠지라는 생각으로 미소지으며 물었다.

"냄새 좋아?" 하고.

그 여자아이의 이름은 수민이였고, 나이는 다섯 살이었다. 다섯 살 수민이는 그 물음에 쿵쿵거리기를 멈추고 까치발도 내리더니 나를 앙칼지게 올려다보며 말했다.

"언니! 향수는 냄새라고 하면 안 되지! 냄새가 아니고 향.기!"

머리가 띵해지는 기분이 들었다. 완전히 맞는 말.

"미안해, 네 말이 맞아. 향수는 향기라고 해야지."

스무 살부터 3년이 넘는 시간을 내 마음대로 살면서 마주친 시련들을 '내 말이 다 맞다'를 외치며 견뎌왔는데, 처음 만난 다섯 살 수민이의 말 한마디에 진심으로 반성하고 내 말이 틀렸다고 사과하게 되었다. 심지어 사과하면서 웃음이 새어 나오고 행복해지기까지 하다니. 너무나 신기한 경험이었다.

수민이는 그 이후로 몇 달 동안 자주 향수매장에 놀러 왔다. 향수를 좋아해서 매일 엄마가 쓰는 향수를 몰래 쓰다가 걸리곤 한단다. 수민이 어머니가 옆 매장에서 쇼핑할 동안 수민이는 늘 향수매장에서 나랑 놀았다. 걷는 모습을 보여준 적이 없는, 늘 힘껏 달리거나 숨기만 하는 장난꾸러기 수민이.

매출 걱정만 하던 내가 어느새 수민이 오는 날만 기다리게 되었다. 수민이만 오면 공친 날에도 행복했다. 어린아이와 함께하는 것이 이

잔디

렇게 새롭고 행복한 일인 줄 꿈에도 몰랐다. 어린이와 평생 대화하며 살 수 있다면 얼마나 좋을까?

'꿈이 생겼다.'

페이스북에 달랑 한 줄을 적어놓고 향수매장 일을 그만두었다.

무수한 과정을 거쳐 찾은 내 평생직업은 '어린이와 함께하는 일'이었다. 좋아하는 일을 해도 힘들다는 것을 경험해 보았지만, 아무리 힘들어도 어린이와 마주 보는 순간 모든 힘듦이 씻길 것이 확실했다.

달력을 보니 수능 원서접수를 하는 8월이었다. 그때만 해도 스물세 살은 나이가 많다고 생각해 1년 동안 수능을 준비하는 것은 엄두가 나지 않았다. 알아보니 전문대학교는 두 과목만 응시하면 정시로 입학할 수 있었다. 현역 때도 90점대로 제일 잘했던 언어와 항상 6등급이었던 윤리 과목을 선택해 두 달 동안 독학으로 수능을 준비했다.

확실한 목적을 두고 꿈을 향해 달리니 공부도 재밌고, 수능에서도 좋은 결과를 냈다. 내게 가장 어렵던 윤리 과목을 한 문제 빼고 다 맞혀서 원하던 유아교육과에 진학했다.

〈내 인생 평생직업 찾기 프로젝트〉가 종료되었다.

수민이를 만난 지 12년이 지난 지금도, 내 꿈은 여전히 '어린이와 함께 살아가기'. 공허함만 느끼던 그때의 연말이 기억나지 않을 정도로 매해 뿌듯한 성취감을 느끼고 있다.

나를 이렇게 만들어준 건 '행복'이라는 단어 하나였다.

아이들을 따라 숲에 머무르다

나에게는 어린 시절부터 키워온 작지만 강한 행복의 씨앗이 있었고, 마음먹었을 때 언제든 발현시킬 수 있었다.

그리고, 나를 행복하게 해주는 어린이라는 존재에게 내가 가진 행복의 씨앗을 나누며 보답하고 싶다는 새로운 꿈도 생겼다.

어린이가 행복한 교육은 숲을 벗 삼아 자라는 교육

이 책을 진로를 고민하는 학생들도 함께 본다는 말에 두 줄로 적었던 유아교육과에 오게 된 과정을 여러 페이지로 늘렸다. 유치원 교사에서 생태환경교육 사업을 하게 된 과정은 간단히 적어보려 한다.

힘들게 꿈을 찾은 만큼 어린이를 위한 최고의 교육을 찾고 싶다는 욕심이 컸던 나는, 최대한 모든 교육의 형태를 직접 경험해 보고자 했다. 어릴 적 빵집 아르바이트부터 여러 과정을 거치며, 막연히 좋아 보이는 것과 경험해 보는 것은 완전히 다르다는 것을 배웠기 때문이다.

대학을 야간대로 진학해 3년간 주간에는 영어유치원 원어민 파트너 교사로 일했다. 원하는 공부를 해서인지 바쁘게 살면서도 성적이 괜찮았다. 등록금은 매번 성적우수장학금을 받아 해결했다. 졸업 후에는 숲 유치원에 1년, 몬테소리유치원에 1년 있었다.

아이들은 모두 예뻤지만, 유치원 경험을 통틀어 숲 유치원에서 만난 아이들의 빛나는 눈빛은 잊을 수 없었다. 숲 유치원 아이들은 교실 운영을 스스로 할 줄 알았다. 주체적으로 사고하고, 언제나 능동적이었다. 무엇보다 '행복'해 보였다. 외갓집에서 보낸 나의 어린 시절도 겹쳐 보였다.

숲을 벗 삼아 자라는 아이들은 왜 행복한 것인지 궁금해 생태환경교육 공부를 시작했고, 점점 확신을 얻었다. 지금은 나의 교육철학을 담은 생태환경교육 사업을 운영 중이다.

나의 외갓집 같은, 지구인 육성 환경교육을 하고 싶어

나에게 외갓집은 마음의 고향이자, 나의 평안이자, 매일 꿈꾸며 깨달음을 얻는 공간이었다. 어떤 궁금증이든 마구 생각할 수 있었고, 해결되지 않아도 그 자체로 좋았다. 정답이 없기에 틀릴 걱정을 할 필요가 없는, 마음을 푹 내려놓고 의지할 수 있으면서 저절로 마음속에 행복의 싹을 틔워주는 따스한 품. 그리고 언제나 외할아버지의 새끼손가락을 잡을 수 있었던. 그 품 안에서 나는 자연을 만끽하고, 자유롭게 탐구하며 뿌리 깊은 지구인으로 자라날 수 있었다. 길을 잃은 순간에도 그때 키워낸 행복의 씨앗에 기대어 나의 길을 개척할 수 있었다.

지금의 나는 21세기의 환경교육가이다. 자연에서의 삶을 완전히 잊었다가 '어린이'라는 존재를 통해 다시 숲으로 돌아온 30대 중반의 교사. 어린 시절 한없이 미웠던 잡초를 사랑하게 되어 강아지 이름으로도, 강아지가 별이 된 이후로는 내 닉네임으로도 '잔디'를 사용하고 있는.

어린 시절 외갓집에서 생활하며 얻은 배움과 평안을 지금의 아이들에게도 전할 수 있을까? 나의 외갓집에서 배운 것과 같은 지구인 육성 생태환경교육을 실천하려면 어떻게 해야 할까? 내가 늘 고민하는 문제이다.

초임 교사 시절부터 아이눈숲을 운영하는 지금까지도 늘 나를 따라다니는 고민이 있었다. 아이들이 너무나 좋아서 이 일을 시작한 만큼 애정이 과해 아이들도 숲보다는 잔디가 좋아서 오는 경우가 많았기 때문이다.

'이게 교육이 맞나? 너무 나만 좋아하면 어떡하지.'

왠지 모를 죄책감이 들어 생태수업 시간에 나에게 안기는 아이들의 관심을 억지로 자연으로 돌리기도 했다.

그런데 이번에 글을 쓰면서 그동안 깨닫지 못했던 사실을 알게 되었다. 나 또한 자연이 좋았던 것이 아니라 외할아버지가 좋아 자연에 머물렀었고, 지금도 그저 자연이 좋아서가 아니라 아이들을 따라 자연에 머무르고 있다는 것이었다. 아이들과 함께하는 것이 아니면 숲으로 답사가는 일도, 모니터링하는 일도 나에겐 다 시시했다.

고민과 죄책감을 모두 덜어내니 결국에는 사랑하는 마음 하나가 남았다.

잔디

'아이를 진심으로 돌봐주는 단 한 명의 어른만 있으면, 그 아이는 변한다. -조세핀 킴'

늘 마음에 새기는 말이다. 앞으로는 아이들이 숲이 좋아 달려오든, 잔디가 좋아 달려오든 걱정하지 않기로 했다. 아이들이 달려오는 그곳이 자연의 품이라면, 내가 아이들을 자연으로 이끌 수 있다면, 더 욕심내지 않기로 했다. 외할아버지가 좋아 자연이 궁금했던 나와 같이 아이들도 나를 통해 자연을 알아가고, 나의 품을 따스하게 느꼈으면 좋겠다. 그렇게 서로 사랑을 주고받으며 무엇이든 가능한 행복의 씨앗을 키워가는 지구인이 되기를.

어린이와 '차'를 나누어 마시며 삶을 함께하다

생태교육은 '숲체험'이라는 조금은 편안한 용어로 불리지만 결국 학원의 형태이다. 생태환경교육 학원. 나는 학원이면서도 일회성 학원으로 남고 싶지 않다는 모순적인 소망이 있었다.

'삶을 나누고 싶다'.

그렇지만 막상 운영을 시작해 보니 내가 꿈꾸는 '외갓집 같은' 지구인 육성 프로젝트를 실천하기에는 시공간적 제약이 너무도 컸다.

일단 내가 농사를 지으며 살고 있지 않았고, 아이들을 만날 수 있는 시간은 고작 한 달에 두 번 정도로 주 1회 이상 가는 학원보다도 못했기 때문이다.

'조금은 더 가까워지고 싶은데, 조금이라도 더 삶을 나누고 싶은데.'

몇 날 며칠을 고민하며 내가 준비한 것은 '차'였다. 처음엔 차에 대해 아무것도 알지 못하면서 무작정 좋아하는 도예 공방에 들러 찻잔부터 구매했다. 아이들과 차를 마시고 싶어서 왔다고 하니 공방 선생님이 마침 좋은 차가 있다며 보이차 한 편을 턱 하니 내어주셨다.

'보이차가 뭐지?'

아이들에게 간단히 설명해 주려고 인터넷으로 검색해보다가 밤을 꼴딱 새웠다. 차 문화란, 하룻밤에 다 깨우치기에는 방대한 세계였다. 21년도에 아이눈숲을 시작한 이후로 지금까지 차 공부를 틈틈이 하고 있지만 볼 때마다 여전히 새로울 정도다. 이는 마치 매 순간이 새로워 아이들의 모험심을 자극하는 자연의 품과 같았다.

찻잎은 차나무의 잎. 어쩌면 내가 어릴 적부터 관심 있게 바라본 잡초들과 다름이 없다. 자연이 준 선물로 만들었기 때문일까? 아이들은 장난감 하나 없는 우리 집에 오직 차를 마시러 신나게 달려온다. 마치 숲으로 들어가는 순간처럼 쉬지 않고 달린다.

한 학기에 한 번 이상은 꼭 아이들을 집으로 초대해 차를 나누어 마시고 있다. 차는 수업 시간에 포함하여 마시기도 하지만, 수업 외로도 언제든 차를 마시고 싶은 아이가 있으면 집으로 초대해 가장 좋은 차를 대접한다.

잔디

찻잎 한 장, 한 장이 모여 자리에 모인 모든 어린이의 마음을 가득 채워준다. 두런두런 나누는 이야기도 숲에서 나누는 이야기와는 차원이 다르다.

"차도 나뭇잎인 거네!"

아이들은 이 단순한 사실에도 감탄하며 대화를 이어간다. 아이눈숲에 잠시 머물다 간 아이들도 있고 벌써 5년째 함께하는 아이들도 있지만, 찻잎 한 장으로 이어져 모두가 늘 함께하는 기분을 느낀다.

"숲에는 오고 싶을 때까지만 오면 돼. 아이눈숲 졸업해도 차 마시고 싶다는 생각이 들면 언제든 집으로 놀러 와!"

소중한 어린이 친구들과 차를 마실 때마다 하는 말이다.

찻잎 한 장 덕분인지, 어떤 아이들은 학원에 몇 군데 다니는지 손으로 꼽아볼 때 아이눈숲은 빼고 세기도 한다.

외할아버지께서 돌아가신 후, 나는 작은 풀 하나와 오래된 고택의 향으로 그 시절을 추억하며 지구인의 삶을 이어가고 있다. 이렇듯 내가 만나는 아이들도 자연에서 함께 나눈 시간과 찻잎 한 장을 추억하며, 든든한 버팀목으로 삼아 자라나기를 바란다.

그렇게 각자의 자리에서 지구인으로 살아가다 보면, 함께 있지 않아도 삶을 나눌 수 있지 않을까?

아주 작은 존재의 소중함을 아는 지구인 어린이들과 오랜 친구가 되어 살아가고 싶다.

잔디

향수 판매장에서 근무하다 손님으로 온 어린이를 만났다. 어린이와 난생처음 나눠본 대화에서 인생의 꿈을 찾아 뒤늦게 유아교육과에 입학했다. 나를 행복하게 해주는 어린이들의 진정한 행복은 무엇일지 고민하다가 어린이의 시선 끝에 늘 자연이 있음을 알아차렸다. 자연과 외갓집이 품어준 어린 시절을 떠올리며, 어린이들에게 따스한 품이 되어줄 생태수업을 연구하는 삶을 산다.

잔디

유아숲학교 교사는

유아숲학교 교사는 어린이들이 자연 속에서 다양한 경험을 통해 배우고 성장할 수 있도록 돕는 전문 교육자입니다. 자연환경을 활용하여 어린이들의 신체적·정서적·사회적 발달을 지원하고, 자연과의 상호작용을 통해 지속가능한 삶의 가치를 가르치는 역할을 합니다. 유아숲학교 교사는 어린이들이 자연을 탐색하며 창의성을 발휘하고, 문제 해결 능력을 기를 수 있도록 다양한 프로그램을 기획하며 운영합니다.

유아숲학교 교사를 위한 준비과정

관련 학위 및 자격증 취득

유아교육학, 생태교육학, 환경교육학 등과 같은 전공의 학위를 취득하여 이론적 기반을 마련합니다. 교육의 기초에 대한 충분한 이해가 필요합니다. 산림청에서 발급하는 국가자격증인 '유아숲지도사' 및 '숲해설가' 자격증을 취득하면 공공기관에서 생태교육 파견 강사로 활동하며 교육서비스를 제공할 수 있습니다.

실습 경험 쌓기

유아숲학교 프로그램에 참여하거나 관련 시설에서 인턴십을 통해 현장 경험을 쌓습니다. 직접적인 경험은 교육자로서의 성장에 큰 도움이 됩니다. 유아교육학 학위를 취득하는 과정 내에서도 가능합니다.

연수 및 교육 참여

지속적으로 관련 워크숍, 세미나, 컨퍼런스에 참석하여 최신 교육 트렌드와 연구 결과를 학습하고, 네트워킹 기회를 활용합니다.

아이들을 따라 숲에 머무르다

🌱 유아숲학교 전문가로 성장하려면

지속적인 학습

자연환경, 아동 발달, 생태교육에 대한 최근 자료 및 연구를 꾸준히 학습합니다. 전문서적이나 온라인 강의를 통해 자기 계발에 힘씁니다.

네트워킹

같은 분야의 전문가 및 교육자들과의 교류를 통해 정보 공유 및 협력 기회를 늘립니다. 커뮤니티나 협회 활동에 참여하여 네트워크를 확장합니다.

프로그램 개발

자신만의 유아숲학교 교육 프로그램을 개발하고 이를 수업에 적용하여 교육의 질을 높이는 동시에 창의적인 교육 자료를 만듭니다. 자연이 매일 변화하고 다양하듯 자연교육의 형태 또한 무궁무진합니다. 완전한 교실이자 학교인 자연 안에 어린이를 '그냥 두는 것'도 교육이 될 수도 있습니다. 자연에서 시간을 보내는 어린이는 그 자체로 스트레스를 해소하고, 행복감을 느끼며 주체적으로 사고하며 나아갑니다. 이러한 점을 고려하여 아이들에게 알맞은 자연교육을 개발합니다. 어린이가 관심 가지는 자연의 특정 분야를 깊이 있게 탐구할 수도 있습니다.

🌱 평범한 유치원 교사의 지구하기

커리큘럼이 없는 숲학교

자연을 가장 잘 만나는 존재는 어린이라는 교육철학을 가지고, 어린이가 주도적으로 이끄는 숲학교를 만들었습니다. 교사가 어린이를 앞서지 않는 교육입니다. 유아교육의 '놀이중심' 교육과 유사합니다. 다만, 교사는 어린이가 양질의 교육 효과를 얻을 수 있는 환경을 마련하기 위해 최선을 다합니다. 안전사고에 대비할 든든한 울타리도 준비하고, 바른 인성을 함양할 수 있도록 돕는 참된 어른이자 어린이의 친구가 되어줍니다.

서로를 존중하는 평어 사용

자연에서 아이들은 새로운 발견으로 인한 감탄, 놀라움, 즐거움 등 다양한 감정을 끊임 없이 표현합니다. 평어 사용은 어린이의 감정 표현을 편안하게 해줍니다. 교사도 어린 이도 평어를 사용하며 서로 존중하는 마음을 느낍니다. 교사가 사용하는 모든 언어는 어린이도 동등하게 사용할 수 있습니다. 감정 표현에서 더 나아가 어린이의 마음을 편 안하게 하는 데에 목적이 있습니다. 마음이 편안할 때에 자연을 가장 즐겁게 만날 수 있다고 생각합니다.

가정과의 연계

자연을 벗 삼을 수 있는 존재는 어린이뿐이 아니라는 것을 부모와의 소통 및 부모참여 수업 등을 통해 전합니다. 어린이의 단시간 경험에서 그치지 않고, 어린이가 숲에서 경 험한 내용을 부모와도 나누며 우리 모두 자연에서 태어나 자연과 친구하고 살아가는 존재임을 깨달아 갑니다. 진정한 의미의 자연교육에 대해 함께 고민하며, 자연과 함께 하는 삶의 지속가능한 실천 방법을 만들어 갑니다.

지속가능성을 위한 제안서

내게 환경이 오던 날

#환경칼럼 #지속가능한생활 #기후행동 #생물다양성

#보존 #녹색미래 #시민과학 #환경인식 #환경보호

#기후변화 #자연보전 #녹색문화 #지속가능한개발

#환경교육 #야생동물보호 #환경옹호

여행작가
장창영

Q. 어떤 계기로 환경인이 되셨나요?

A. 몇 년 전, 지역 주민들과 함께 야생화와 나무를 공부하는 모임에 참여하며 자연에 대한 새로운 시각을 얻게 되었습니다. 이 분들과 함께 활동하면서 그동안 무심히 지나쳤던 풀과 나무, 그리고 숲이 새롭게 다가오는 신기한 경험을 했습니다. 그 인연으로 무주 나비생태학교에서 나비와 곤충을 공부하는 시간을 가졌습니다.

눈앞에서 애벌레가 나비로 변하는 놀라운 순간을 만나면서 이 아름다운 지구를 좀 더 오래 만나고 싶었습니다. 작가로 계속 활동해 왔기 때문에 글과 사진으로 생명의 아름다움, 지구 환경의 소중함을 주변과 나누어야겠다고 생각했습니다.

Q. 주로 어떤 일을 하시나요?

A. 몇 년 전, 지역 주민들과 함께 야생화와 나무를 공부하는 모임에 참여하며 자연에 대한 새로운 시각을 얻게 되었습니다. 이 분들과 함께 활동하면서 그동안 무심히 지나쳤던 풀과 나무, 그리고 숲이 새롭게 다가오는 신기한 경험을 했습니다. 그 인연으로 무주 나비생태학교에서 나비와 곤충을 공부하는 시간을 가졌습니다.

눈앞에서 애벌레가 나비로 변하는 놀라운 순간을 만나면서 이 아름다운 지구를 좀 더 오래 만나고 싶었습니다. 작가로 계속 활동해 왔기 때문에 글과 사진으로 생명의 아름다움, 지구 환경의 소중함을 주변과 나누어야겠다고 생각했습니다.

Q. 지속가능성에 어떻게 기여하고 있나요?

A. 개인의 변화는 한 개인의 인생을 바꿀 수 있지만 같은 꿈을 꾸는 이들이 함께한다면 더 멋진 미래를 만날 수 있으리라 생각합니다. 저는 학교 현장과 일반인을 대상으로 한 생태환경교육 프로그램을 운영하면서 참여자들이 자신의 삶과 주변을 돌아보는 기회를 제공하고자 합니다. 현재 숲해설가와 함께 아동과 학부모를 위한 숲과 관련한 책을 쓰고 있습니다. 앞으로도 글의 힘으로 사람들에게 생활 속의 작은 실천을 불러일으키고 실질적인 변화를 위한 동기 부여를 하고자 합니다.

Q. 나의 지속가능한 삶을 한마디로?

A. 오늘의 아쉬움을 내일의 희망으로 이어갈 수 있도록 주변과 함께 실천하자!

장창영

한겨울, 눈이 내린 제주 하늘은 맑고 파랬다. 최근 몇 년 동안 가장 많은 눈이 내렸다고 했다. 맑은 공기를 들이마시는 순간 정신이 번쩍 들었다. 작년에 치앙마이에 갔을 때, 하늘이 온통 뿌옇고 눈이 따가울 정도였다. 이게 무슨 일인가 싶었다. 알고 보니, 해마다 2월쯤이면 치앙마이 북부에서 화전을 위해 숲을 태우기 때문에 그 연기로 앞이 보이지 않을 정도로 공기질이 나쁘다고 했다. 실제로 당시 세계에서 공기가 제일 안 좋은 도시가 바로 치앙마이였다.

한국에서는 봄이면 황사 때문에 창문을 열거나 걸어 다니기 힘들 정도로 공기가 좋지 않았다. 호흡기 질환이 있는 가족들은 비염이나 알레르기 때문에 고생을 했다. 그럴 때면 건강이 좋지 않다 보니 삶의 질은 떨어지고 매사에 의욕까지 사라졌다. 평소 생각하지 않던 공기가 우리에게 얼마나 소중한가를 깨닫게 하는 시간이었다.

한 달간 유럽여행을 하면서 식당에서 가장 힘들었던 건 음료수를 마시겠느냐는 질문이었다. 다른 음료들은 비싸서 거의 물만 시켜 먹었다. 그나마 물이 가장 싸고 현실적인 대안이었기 때문이다. 그때마다 식당에서 물을 공짜로 주는 한국 생각이 절실했다. 유럽 지역의 물이 석회가 다량으로 포함되어서 물을 그냥 먹을 수 없는 상태라는 사실을 알고 있었음에도 쉽게 적응하지 못했다. 처음 한국에서 물을 팔기 시작할 때도 그랬다. 적어도 그 당시 상식으로는 물을 사먹는다는 건 있을 수 없는 일이었다.

그동안 페놀 오염수 방류, 4대강 녹조 등 다양한 형태의 수질 오염을 겪으면서도 와닿지 않았으나 어느새 눈앞의 현실이 되어 있었다. 내가 애쓰지 않아도 건강과 삶의 질은 위협당하고 있었으며 그 강도 또한 세지고 있었다. 자연이나 환경에 대한 의식이 없이 편안하게 살던 시절의 추억은 어느덧 사라져 버렸다.

한국에만 자생하는 제주고사리삼

이제 사람들은 등산을 가서 고기를 구워 먹지 않으며 계곡에 들어가

장창영

함부로 목욕도 하지 않는다. 쓰레기를 분리하지 않고 버리지 않으며, 귤껍질이 음식물 쓰레기인가 아니면 종량제 봉투에 넣어야 하는가에 대해 고민한다. 이처럼 분명히 환경에 대한 의식은 높아졌지만 내 눈에는 약간의 정도 차이만 있지 예전과 크게 달라지지 않은 것처럼 보인다.

그 이유는 여전히 우리의 의식 변화가 크게 변화하지 않았기 때문이다. 일회용품의 사용이 우리에게 치명적 해를 끼칠 거라는 걸 알면서도 쉽게 포기하지 못하는 이유는 편리함의 유혹을 뿌리치지 못해서이다. 일회용품은 귀찮게 설거지를 하지 않아도 되기도 하려니와 처리도 간단하기 때문에 쉽게 손이 간다. 그렇게 평생을 살다 보니 자연스럽게 몸에 밴 습관도 무시할 수 없었다. 이 모든 걸 바꾸기에는 너무 복잡했고 상황은 내 편이 아니었다. 그렇게 나는 불편한 진실을 알면서도 모르는 척했고 적당히 타협하면서 살았다.

어느 날 환경이 내게 화두로 다가왔다

어느 때부터인지 정확하지 않지만 사람들이 자연과 환경에 대해 떠들기 시작했다. 지금 당장의 문제가 아니라 우리 미래의 문제를 화두로 내세우면서 지구 멸망의 위험을 지적하는 이들도 많아졌다. 바다 쓰레기 이야기를 할 때면 미세 플라스틱 이야기가 빠지지 않았다. 일회용품을 사용하지 말자는 캠페인이 벌어지기도 했다.

어느 날 내가 사는 지역 시민단체에서 하는 식물강좌를 듣는 기회가 있었다. 그곳에서 활동하는 사람들과 더불어 산자고, 노루귀, 변산바람꽃, 꿩의바람꽃 등을 보러 다니기 시작했다. 그동안 바쁘다는 핑계로 눈길조차 주지 않았던 야생화와 나무, 그리고 숲이 조금씩 내게 다가왔다. 이렇게 아름다운 세상을 모르고 살고 있었다니 감사와 후회가 한꺼번에 밀려왔다.

겨울을 이기고 피어난 2월의 복수초

장창영

처음 식물 공부를 하면서 산에 갔던 날이 생각난다. 이전에도 자주 다니던 산이었으나 이날만큼은 달랐다. 식물공부를 하고 산에 올라가 보니 식물 이름을 너무나도 모르고 있다는 사실을 깨달았기 때문이다. 이전에는 식물 이름을 모르고 있다는 사실 자체를 의식하지 않았다. 하지만 의식을 하고 다시 보니 산이 갑자기 두려워졌다.

어린 시절, 살던 집이 산 주변에 있었다. 산은 내게 놀이터나 다름없었다. 그때도 꽃과 나무를 보았고 숲에 자주 갔다. 하지만 꽃이나 나무 이름에는 전혀 관심이 없었다. 그게 아니고도 관심을 기울일 데는 차고 넘쳤다. 그런데 이름을 모른다고 생각하니 그동안 까맣게 밀쳐두었던 나의 무지와 무관심에 화가 났다. 물론 이름을 몰랐다고 해서 당장 무슨 일이 생기지는 않았다. 하지만 그동안 내가 살았던 주변에 대해서 이렇게 무지하게 살았다고 생각하니 세상 모든 것으로부터 배신을 당한 느낌이었다. 특히, 그동안 다녔던 학교 교육에 대해 분노가 일었다.

그렇게 앞서 공부한 이들을 따라다니면서 야생화 이름을 익혔고 나무를 공부하기 시작했다. 그러던 차에 숲해설가 과정을 듣게 되었다. 그런 직업이 있다는 사실은 알고 있었으나 어떤 교육을 받는지, 무엇을 하는지에 대해서는 정확히 모르고 있었다. 이전과 다르게 본격적으로 식물을 공부하면 할수록 그동안 모르고 지나쳤던 지난 과거가 후회로 남았다. 나는 주변의 식물과 숲, 그리고 산림 등에 대해 공부하면서 비로소 자연과 환경, 그리고 생태에 대해 다시 생각해 보는 계기를 가졌다.

  식물에 대해 흥미를 느끼던 중 지인들과 무주에서 열린 나비생태학
교에 다니면서 나비를 만났다. 흰나비, 노랑나비, 호랑나비만 알던 내
게 신세계가 열리는 시간이었다. 나비를 보기 위해 전라도와 충청도,
그리고 강원도를 다니면서 나비가 자연생태계에서 얼마나 중요한 존
재인지를 알 수 있었다. 자연이 파괴되고 개발이라는 이름으로 황폐
화될수록 희귀한 나비들이 빠르게 사라진다는 사실도 눈으로 직접 목
격하였다.

눈앞에서
새로운 생명을 만나는 것만큼
경이로운 경험은 없다.

현장에서 내가 만난 나비 공부하는 사람들은 한결같이 10년 전에 비해 나비 숫자가 훨씬 줄었다는 이야기를 자주 하였다. 앞으로 몇 년 후에는 지금 보는 나비들을 영원히 볼 수 없으리라는 경고도 함께 들려주었다.

나는 그렇게 30여 년 넘게 글을 쓰면서 크게 마음에 두지 않았던 자연과 생태, 그리고 환경 이야기에 관심을 기울이게 되었다. 비록 늦었지만 지금이라도 그 현실을 기록해 두지 않으면 안 되겠다는 절박함 때문이었다. 평소 관심을 가졌던 식물과 나비, 그리고 새에 관심이 많아지면서 조금씩 원고를 집필하였다.

그러던 차에 지역 신문사에서 칼럼 연재 의뢰가 들어왔고 지금까지도 원고를 쓰고 있다. 연재라는 부담에도 수락한 이유는 내가 너무 늦게 알아버린 사실을 사람들은 관심을 갖지 않을 뿐만 아니라 모르고 있었기 때문이다. 사실 환경 문제는 나 혼자만 아는 게 중요한 일이 아니었다. 같이 노력하고 변화하지 않으면 미래는 없다는 위기감이 나를 엄습했다.

알고 보니 나 혼자만이 아니었다. 외롭지만 몇십 년 동안 묵묵히 그 일을 하고 있는 이들과 끊임없이 노력해 온 환경단체가 곳곳에 있었다. 그들의 목소리에 힘을 보태는 일, 그리고 손을 잡아주는 일부터가 시급했다. 이것이 내가 생태환경 칼럼을 쓰는 이유이기도 하다. 만약 내가 자연에 대해 관심과 이해를 하지 않았더라면 이런 기회조차 없

내게 환경이 오던 날

없을 것이다. 돌이켜 보면 지역 신문사에 생태환경 칼럼을 쓰게 된 것도 우연만은 아니다.

현실은 그리 낭만적이지 않다.

김춘수 시인은 「꽃」이라는 시에서 이름을 불러주었을 때 꽃이 되었다고 말한 바 있다. 이전에도 존재했지만 내가 본격적으로 의식하고 그 이름을 붙여주는 순간, 진정한 관계가 형성된다는 의미이다. 나에게 자연과 생태는 이와 크게 다르지 않다.

자연을 곁에 두면서 당연히 생활방식과 사고방식 또한 달라지게 되었다. 예전에 등산을 즐겨할 때는 산의 정상에 빨리 도달해서 내려오는 게 가장 큰 관심사였다. 그때 내 주된 관심사는 얼마나 빨리 산 정상에 도달하느냐였다. 다른 것에는 관심이 없었다.

하지만 자연과 친해지고 난 후에는 세상을 보는 관점이 달라졌다. 예전의 산행이 속도를 위주로 하는 '빠름'의 연장이었다면 지금은 관찰을 주로 하는 '느림'으로 바뀌었다. 산의 정상에 도달하는 것보다는 주변에 눈길을 주는 일이 많아졌기 때문이다.

환경과 자연을 다룰 때 이론이나 원론적인 이야기를 하기는 쉽다. 그러나 이를 실천하고 행동으로 옮기는 일은 다른 차원의 문제이다. 지구의 온도가 올라가 인류 파멸의 시계가 앞당겨졌다고 해도 사람들은 그동안의 삶의 방식이나 태도를 바꾸려 하지 않는다. 지금 당장 눈앞의 이익과 편리함을 포기해야 하며, 그만큼 불편함과 괴로움을 감

장창영

수해야 하기 때문이다. 흔히 말하는 자본의 논리에 의하면 우리가 지금 환경 이야기를 하는 것은 세상물정을 모르거나 수지타산이 맞지 않을지도 모른다.

하지만 지금 하지 않으면 언제 하겠는가. 나는 아직 우리에게 마지막 기회가 남아 있다고 믿는다. 나는 지금보다 더 많은 이들이 수라갯벌과 새만금이 개발이라는 이름으로 파괴되는 현실에 관심 갖기를 바란다.

강원도 화악산에서 만난 금강초롱

내게 환경이 오던 날

무심코 버리는 쓰레기와 오염물질로 우리 삶이 더 이상 회복 불능의 상태에 빠지기 전에 아직 남은 기회를 살릴 수 있기를 기대한다. 다른 누군가가 해야할 일로 넘기는 순간 진짜 위기는 찾아올 것이다.

환경을 위한 작은 실천과 노력, 그것이야말로 지금 당장 우리가 할 수 있는 유일한 선택이자 해야 할 의무이며 남겨진 목표이다. 또한, 내가 지금 자연과 생태에 관한 글을 쓰는 이유이기도 하다.

장창영

시인, 문학박사
서울신문, 전북일보, 불교신문 신춘문예
대한민국 학술원 추천우수도서
한국문화예술위원회 창작기금 선정
전북일보, 전북도민일보에 서평 및 생태환경 칼럼 〈장창영과 함께 떠나는 생태 환경문학 기행〉 연재 중
시집 『동백, 몸이 열릴 때』, 『우리 다시 갈 수 있을까』
『여행을 꺼내 읽다』, 『나무의 속살을 읽다』
인문서 『나무의 문을 열다』 외 다수

생태환경작가는

생태환경작가는 환경과 생태계 문제에 대한 인식을 높이고 이를 문학적으로 표현하는 작가를 말합니다. 이들은 자연과 인간의 관계, 환경 문제, 생태계 보전 등의 주제를 다루며 독자들에게 환경에 대한 경각심을 일깨우고 생태적 가치를 전달하는 역할을 합니다.

생태환경작가를 위한 준비 과정

기본 지식 습득

환경과 생태학에 대한 이해가 필요합니다. 관련 과목을 전공하거나 강의를 듣고 환경 문서, 연구자료, 도서 등을 통해 기초 지식을 쌓을 수 있습니다.

글쓰기 연습

다양한 스타일의 글쓰기 연습이 필요합니다. 특히 독자들이 쉽게 이해할 수 있는 언어와 다양한 표현방식을 습득하여 자신만의 글쓰는 능력을 배양하는 것이 중요합니다.

현장 경험

환경 문제를 직접 경험하고 해결하는 활동에 참여하는 것이 좋습니다. 현장 탐방, 자원봉사, 현장 답사, 환경 캠페인 등에 참가하며 실질적인 경험을 쌓는 것이 매우 유익합니다.

네트워킹

환경 관련 작가 및 전문가들과의 연결을 통해 경험과 정보를 공유받고 지속적인 협업의 기회를 만드는 것이 중요합니다. 이 자료를 토대로 지역 사회와 환경단체들과 중장기 프로젝트를 진행할 수 있습니다.

전문성 향상

관련된 워크숍, 세미나, 강의에 적극 참여하며 자신의 전문성을 더욱 강화할 수 있습니다. 새로운 정보를 토대로 자신의 영역을 확장하고 다른 이들과 활발한 교류를 진행하면서 전문성을 높이도록 합니다.

🕯️ 생태환경 전문 작가로 성장하려면

지속적인 학습

최신 생태학 및 환경 관련 연구의 주요 흐름을 이해하고 관련 분야 관련된 자격증이나 심화 교육 등을 통하여 전문성을 키웁니다.

글쓰기 포트폴리오 업데이트

자기 경험과 작품을 지속적으로 정리하고 발전시키며 다양한 플랫폼에 글을 실어 많은 독자층을 형성합니다.

사회적 참여

환경보호와 지속가능한 발전을 위한 네트워크망을 형성하면서 다양한 사회적 활동에 참여하여 작가로서의 영향력을 확대합니다.

자신의 목소리 찾기

생태환경작가로서의 정체성과 개인적인 스타일을 확립하여 독자들에게 진정성 있는 메시지를 효과적으로 전달할 수 있도록 합니다.

장창영

🌱 평범한 작가의 지구하기

환경 주제에 관한 관심 확보

우리 주변에서 쉽게 찾을 수 있는 환경 문제와 관련된 주제를 다루기 시작하세요. 이를 통해 독자에게 사회적 책임과 지속가능한 발전의 필요성을 널리 알릴 수 있습니다.

독자와의 소통

저자와 독자 간의 소통을 통해 환경과 관련된 주제에 관한 생각과 논의를 나누며 독자들에게 영향을 줄 수 있는 활동에 대해 알립니다.

모범 사례 발굴 및 소개

지속가능한 사례, 혁신적인 기술, 지역사회의 성공적인 환경 프로젝트 등을 글로 소개하며 대중의 관심을 유도합니다.

사회적 책임을 인식

작가로서 사회적 책임을 인식하고, 글쓰기 외에도 관련된 캠페인이나 단체에 참여하여 보다 적극적으로 환경 문제 해결에 이바지합니다. 이를 통해 사회 변화에 기여할 수 있습니다.

지속가능성을 위한 제안서

내게 환경이 오던 날

글 쓰는
환경교육사

#찾아가는환경교육 #환경교육전문강사(환경교육사)

#ESD #수업관련퍼실리에이팅 #탄소중립 #자원순환

#프로젝트환경수업 #리빙랩 #환경솔루션코디네이터

#더불어사는삶 #지속가능한지구생활 #환경친화적고민

환경교육사
최연이

Q. 어떤 계기로 환경인이 되셨나요?

A. 울산에서 태어나고 자란 저는 과거 태화강에서 악취가 나서 '똥물'이라고 불리던 시절부터 현재 생태 정원 도시 울산이 되기까지의 변화를 직접 목격했습니다. 학업을 위해 캐나다에 갔을 때, 장엄하고 아름다운 자연을 경험했고, 환경 보전을 위해 힘쓰는 따뜻한 책임감을 가진 사람들을 여럿 만났습니다. 그 경험 덕분에 제 마음이 먼저 움직였습니다.

한국으로 돌아와 본격적으로 환경교육을 공부하면서, 작은 것부터 시작하자는 마음으로 일상에서 많은 변화를 시도하고 있습니다. 텀블러 들고 다니기, 장바구니 사용하기, 최소한 필요한 물건만 사기, 매일 10분씩 소등하기 등 소소한 행동을 통해 지구에 무해한 삶을 살아가고 있습니다.

Q. 주로 어떤 일을 하시나요?

A. 저는 환경교육사로서 학교와 공공기관을 찾아가 기후변화, 탄소중립, 지역 생태 및 자원순환 관련 수업을 진행하고 있습니다. 매년 다른 주제로 강의활동을 하고 있습니다. 작년에는 탄소중립과 물, 그리고 올해에는 기후 적응에 대해 강의를 하였습니다. 프리랜서로 일하는 시간과 장소는 매번 달라집니다.

학교로 찾아가는 수업은 초등학교 창의 체험 시간, 중학교 자유학기제,

고등학교 동아리 프로젝트 수업 지도가 포함되므로, 학생들의 연령과 수준에 맞춰 체계적으로 준비하는 것이 매우 중요합니다. 또한, 학생들이 집중할 수 있도록 다양한 퍼실리에이팅 기술을 요구합니다. 긴 시간 동안 진행되는 방과 후 수업, 돌봄 수업, 지역 시민들과 함께하는 프로젝트 환경 수업도 기획하여 진행합니다. 특히 지역 주민들과 함께하는 환경 수업은 지역적 특성에 맞춰 시간과 노력을 기울여 구성하고 지도안을 작성합니다.

Q. 지속가능성에 어떻게 기여하고 있나요?

A. 지역 사랑이 몸에 밴 어르신부터 배운 것을 바로 행동으로 옮기는 시민들, 그리고 지구를 구하고자 하는 아이들 덕분에 환경교육 하는 데 희망을 느낍니다. 최근에는 마을 회관, 요양병원, 다문화센터, 학부모 회의 등에서도 수업 요청이 많이 들어오고 있어 '환경교육의 스펙트럼이 많이 넓어졌구나'라고 생각하게 됩니다. 유엔환경계획 UNEP 이윤애 박사는 이렇게 지속가능성을 설명합니다.

"환경과 관련된 일을 하기 위해 반드시 환경을 전공해야 한다는 생각은 하지 않아도 괜찮아요. 사회과학이나 인공지능 엔지니어링 등 다양한 공부를 한 사람들이 나름의 전공을 환경 정책, 과학, 경제, 사업에 접목해 주길 바랍니다. 환경 공부를 한 분들 역시 과학, 경제, 산업 분야로 진출해 지속가능성의 시각을 인식시켜 주면 좋겠고요. 사업을 하든 연

최연이

구하든 일상생활에서 '어떻게 하면 환경친화적으로 무언가를 해볼 수 있을까?' 고민하는 게 중요합니다."

언젠가 대한민국의 모든 이가 환경교육을 기본적으로 받고, 환경친화적인 고민을 거쳐 각자의 환경 가치관을 세워, 이를 소중한 일상을 지키는 토대로 삼는 날이 오기를 바랍니다.

Q. 나의 지속가능한 삶을 한마디로?

A. 언제, 어디서나, 누구에게나, 환경교육!

글 쓰는 환경교육사

지구 환경 지킴이 열정, 언제부터였을까요?

캐나다 브리티시컬럼비아주 빅토리아 대학을 졸업 후, 캐나다에 있는 사립 학교에서 ESL 수업 및 외국인 학생 상담을 전담했다. 그때도 전공인 상담 직무보다는 아이들과 함께하는 왁자지껄 ESL 수업 시간이 기다려지고 적성에도 맞았다. 한국에 돌아와서는 잠깐의 회사생활을 접고, 아이들이 있는 학교로 돌아왔을 때 비로소 행복감을 느꼈다.

캐나다 대학 시절, Sierra Club의 활동에 참여하면서 산림 파괴, 동물권, 해양오염, 먹거리 문제 등에 관한 관심이 생겼다. 결혼하고 아이가 태어나면서 관련 정보를 접할수록 지구 환경에 대한 걱정이 불안감으로 변했다. 이때부터 환경교육사 자격증 공부를 시작했다. 공부를 통해 얻은 환경에 대한 통찰을 다른 사람들과 나누고 싶었고, 공감을 통해 나와 너, 그리고 우리 모두의 삶이 변화하는 과정에 기여하고 싶었다.

환경교육사 자격을 취득하고 찾아가는 학교 환경 수업을 병행하며 경력을 쌓았다. 이 와중에도 손에서 절대 놓지 않았던 것이 있다. 바로 환경 관련 온라인 신문사에 글을 기고하거나 개인 블로그에 일상 속 탄소중립 이야기와 환경 이슈 관련 일상 글을 쓰는 것이다.

기록하는 행위로 다른 이와 소통하며 하루하루 더디지만 조금씩 나아가는 일에 소명을 느낀다. 요즘은 강의 내용의 핵심을 시각화하는

최연이

프리젠테이션과 동영상 편집 작업에 푹 빠졌고, 현시대는 임팩트 지향성이 중요한 역량으로 요구되므로 홍보, 기획, 마케팅에 대한 학습에도 흥미를 느끼고 있다. 더 나아가서는 환경 문제 해결을 위한 아이디어를 도출하여 솔루션까지 만들어내는 환경 관련 솔루션 코디네이터 등 여러 방면에서 변화를 일으키는 일에 동참하길 소망해 본다.

지구 환경 지킴이 열정, 어떻게 하면 될까요?

글로 쓰는 것 외에 다른 방식으로도 지구 환경 지킴이 열정을 표현하기도 한다. 환경 문제를 스스로 해결하고자 하는 청소년들을 위해 국가기관이나 기업 연계하에 환경교육사들은 주제별 환경 프로그램을 개발하거나 기획, 직접 운영한다. 관련 ESD 프로그램들은 UN에서 채택한 육상 생태계 보전, 기아, 기후위기 대응, 해상 오염 저감 등의 17개 지속 가능한 목표(SDGs)의 세부 목표와 3대 실천 과제(육상 생태계 보전, 기후변화와 대응, 책임감 있는 생산과 소비) 등으로 인류 보편적 환경 문제 해결 방안 등을 논의하고 실제로 해결책 및 방안을 찾아보는 것이 목표이다.

전 지구적인 문제인 기후위기에 대한 수업뿐 아니라 지역민들이 삼삼오오 모여서 지역의 문제를 직접 해결하는 적극적인 방식으로도 환경 수업은 디자인된다.

'시빅 해킹'(Civic Hacking)과 '리빙랩'(Living Lab)은 환경과 사회적 문제를 해결하기 위해 고안되었다.

시빅 해킹 & 리빙랩이란?

시빅 해킹은 시민들이 자발적으로 모여서 공공데이터와 정보통신 기술(ICT)을 활용해 사회문제 해결 및 시스템 개선을 도모하는 활동이다. 코로나19 당시 시빅 해킹을 통해 공적 마스크 수를 앱에서 확인했던 사례가 대표적이다. 여기서 '시빅(Civic)'은 도시, 시민, 또는 시민권을 의미하며 '해킹(Hacking)'은 문제를 빠르거나 창의적으로 해결하는 일을 뜻한다.

지역 주민들과 함께 문제 해결 방안을 모색하는 리빙랩은 지역 주민의 목소리를 적극적으로 수렴해 지역 환경 문제에 대한 해결책을 제안한다. 최근에 지역민들과 함께 에너지 전환 장기 프로젝트, '1.5도 라이프 스타일로 살아보기' 리빙랩을 진행했다. 첫 단계에서는 자조적으로 공동체 조직을 만들고 1.5도 라이프 앱 계산기로 자신의 에너지 습관을 점검하고, 모둠원들의 조언을 받아 이를 보완하였다. 다양한 활동 끝에는 지속적인 에너지 절약 생활 습관뿐 아니라 절약해서 얻은 아낌 마일리지를 소외 계층에게 나눔하는 에너지 복지 형태로도 확장되었다.

학습자들의 수업 후에 남긴 진중한 소감은 다음과 같다. '새롭게 알게 된 사실이 많았다.', '배운 것을 바로 실천할 것이다.', '절약된 에너지를 가시화하여 어려운 이웃에게 나눔 할 수 있는 것이 좋았다.'

우리 같이 행동해요

기업과 함께 ESG 사회공헌 프로젝트 진행을 학생 혹은 시민들과 함께 도모하거나, 지역사회 개선 프로젝트를 후원받아 프로그램 초기 단계에서부터 학습자와 함께 지역 공동체를 만들 수 있다.

지역 깃대종 생태 조사 및 관찰을 기반으로 한 네이처링 생물 지도 제작 커뮤니티 맵핑 활동을 진행해 볼 수도 있고, 종이팩 원정대를 자체적으로 만들어 종이팩 자원순환 활동을 시도해 볼 수 있다. 우리 동네 열지도, 갯벌 생물 탐험대, 원도심 활성화 생태관광 등을 다른 지자체의 혁신 프로젝트 사업과 연계하여서 지역 장소 기반 프로젝트 활동으로도 설계할 수 있다.

우리가 사는 지구는 관심과 사랑이 절실해요!

우리는 재난급 이상기후가 빈번히 발생하는 시대에 살고 있다. 기후위기 시대를 맞이한 지금, 환경교육을 통해 기후위기에 대한 대응책을 마련하는 것이 필요하다. 환경교육은 바람직한 가치관과 태도를 바탕으로 자연과 인간 간의 관계를 이해하는 주된 방향성을 가지고, 생애주기별로 지역별로 다르게 접근해야 한다. 이를 통해 우리는 환경 문제에 관한 탐구와 문제 해결 능력을 실질적으로 기를 수 있다. 또한, 환경교육은 유아 또는 초등부터 고등 및 대학 교육까지 학교 시스템 내 교육으로 제공되어야 할 뿐만 아니라 자료, 웹사이트, 미디어, 캠페인 등을 통해 일반 대중과 소외된 이웃에게도 다가가는 노력과 활동이 포함되어야 한다.

환경교육은 관련 지식을 다루는 것뿐만 아니라 세상을 바라보는 시각을 재구성하는 매우 학제적인 교육이다. 여기서 핵심은 기후위기가 단순히 온실가스 배출로 인한 지구 온도 상승이라는 물리적 환경 변

최연이

화에 그치지 않고, 정치적, 윤리적, 사회적 문제임을 이해하는 것이다. 기후위기와 이로 인해 생기는 불평등을 문제로 인식하는 시각을 우리는 기후 정의라고 부른다.

기후위기 시대 청소년들은 자기 본연의 일을 찾아가는 동시에, 기후위기 시대에 적응하는 것이 무엇보다도 중요해진 세상에 살게 될 것이다. 따라서, 일류 대학 입시를 준비하거나 좋은 직장에 들어가 기성세대를 대체하는 것보다는 자신의 고유성과 창의성을 계발하는 것에 초점을 맞추어야 한다.

자신의 고유한 부가가치를 마음껏 창출하며 새롭게 도래한 기후위기 시대에 잘 적응하는 유연성을 발휘할 때 비로소 진정으로 성공하는 삶, 지속 가능한 삶을 살게 될 것이다. 하지만 소외된 사람에게 도움을 주거나, 남을 돕고자 하는 이타적 가치는 절대 사라지지 않을 것이므로, 새 시대에는 자신의 꿈을 실현하고, 지구환경에 대한 문제를 바로 잡고, 서로를 돕는 공존으로 향하는 마음이 중요하다.

최근 청소년들이 스스로 지구환경 문제에 관한 관심을 가지며 다양한 방법으로 아이디어를 제시하고, 이를 실천하고 있다는 사실에 환경교육사로서 큰 희망을 느낀다. 현재의 청소년들은 체계적인 환경교육을 받은 첫 번째 세대이며, 인간과 비인간 생명체를 포함한 모든 생명과 조화롭게 살아갈 수 있는 최초의 세대이다. 마치 얇고 투명한 사탕 포장이 사탕을 안전하게 감싸듯이, 환경교육을 통해 우리의 하나뿐인

글 쓰는 환경교육사

지구 환경을 보호하려는 의지와 마음이 더욱 견고해지길 바란다.

최연이

두 아이의 엄마, 찾아가는 탄소중립 교실로 기후위기 시대 아이들을 만나는 환경교육사입니다. 아이들의 생각을 오롯이 담고 싶어 비록 성글지 않은 글이지만 매일 쓰고 지우기를 반복합니다. 환경에 대한 나의 언어를 찾고, 그것에 관해 스스로 관철하며, 다른 이들과 소통하고 싶기에 글을 씁니다.

🌱 환경교육사는

환경교육사는 환경교육프로그램을 기획 · 진행 · 분석 · 평가하거나 환경교육을 수행합니다. 환경교육을 효과적으로 수행할 수 있도록 전문성을 높이고 국가적 제도 관리를 체계적으로 하기 위해 사회환경교육지도사를 2022년 환경교육사로 자격 명칭을 변경하였습니다.

🌱 환경교육사를 위한 준비과정

환경교육사가 되기 위해서는 대학에서 환경교육 관련 학과를 전공하거나 관련 분야에서 경력을 쌓은 후, '환경교육사'(환경부 장관 인정) 자격증을 취득해야 합니다.

환경교육사는 1~3급이 있으며 등급에 따라 응시 자격 및 수행 업무가 달라집니다. 환경단체, 유치원 또는 학교, 환경 관련 교육기관, 생태학습관, 환경 관련 전시 및 체험 시설 등에서 전문 강사, 기획자, 관리자로 활동할 수 있습니다.

대한민국 국민 누구나 응시할 수 있는 3급 자격을 취득한 후에는 환경교육사 양성 기관 및 관련 환경단체 면접을 통과하여 인턴으로 채용될 수 있습니다.

종류	지원 자격 및 인정 범위
3급	누구나. 학력, 경력 필요 없음. (단 환경 관련 학사 취득자는 기본 교육 이수 면제 / 인정 범위: 환경교육과, 지구과학과, 생명과학과, 환경공학과, 농학과, 조경학과, 산림과학과 등 4년제 학사)
2급	1) 환경교육 관련 석사학위 (인정 범위: 환경교육 관련 논문 출판) 혹은 2) 3급 자격 취득 후 3년 이상 경력
1급	1) 환경교육 관련 박사학위 취득 혹은 2) 2급 자격 취득 후 3년 이상 경력

글 쓰는 환경교육사

🌱 환경교육 전문가로 성장하려면

지역 맞춤형 환경교육

해당 지역의 자연환경, 생태계, 주요 환경 문제들을 조사하고 이해하는 것이 우선입니다. 이를 통해 교육내용을 해당 지역에 맞게 구체화할 수 있습니다. 지역 주민, 학교, 공공기관, 환경단체 등과 협력하여 지역사회에 꼭 필요한 환경교육 프로그램을 개발하고 진행할 수 있습니다. 지역 주민들의 의견을 듣고 반영하는 것이 중요합니다.

연구 참여

환경교육 관련 연구 프로젝트에 참여하거나 개인 연구를 진행하여 전문성 있는 자료를 작성하고 발표할 수 있습니다. 지속적인 연구를 통해 자신의 전문성을 높이는 계기가 됩니다.

생애주기별 프로그램 개발

여러 환경 문제를 다루기 위해 개발된 프로그램은 이론적인 요소뿐만 아니라 실습, 사례 분석, 프로젝트 등을 포함하고 있습니다. 학생뿐 아니라 성인 등 모든 연령대가 환경 문제에 대한 이해를 증진하고 능동적으로 참여하도록 유도하는 프로그램을 설계하고 운영하여 실질적인 경험을 쌓는 프로그램을 개발합니다.

🌱 평범한 환경교육사의 지구하기

환경교육사는 환경에 대한 교육을 전문적으로 수행할 수 있는 자격을 갖춘 강사입니다. 현재의 심각한 지구환경에 대한 생애주기별 교육의 중요성이 주목받으면서 해당 자격의 수요가 증가하는 추세입니다. 관련 법령 하에 사회환경교육 기관으로 지정된 기관에서는 환경교육사를 최소 1명 이상 상시 고용하는 것을 권고하고 있습니다.

최연이

전문지식을 바탕으로 지역과 협력하여 여러 형태의 환경교육 프로그램을 제공하는 환경교육사의 역할을 바르게 이해하고 수행합니다.

지속가능성을 위한 제안서

내가 이 책의 저자가 된다면?

제목

나를 상징하는 연관검색어

#

#

#

#

#

빈칸에 나의 대표
이미지로 사용할
사진을 붙이거나
그림을 보세요.

이름:

지금, 글을 읽고 있는 당신의 이야기

여러분의 삶에서는 어떤 지속가능성을 고민하며 살아갈 수 있을까요?
책의 저자가 된 미래의 모습을 상상하며 나만의 이야기를 써 봅시다.

Q. 어떤 계기로 환경인이 되셨나요?

A.

Q. 주로 어떤 일을 하시나요?

A.

내가 이 책의 저자가 된다면?

Q. 지속가능성에 어떻게 기여하고 있나요?

A.

Q. 나의 지속가능한 삶을 한마디로?

A.

어쩌다 환경인

나의 미래 모습을 상상하며 글을 써 보세요.

내가 이 책의 저자가 된다면?

어쩌다 환경인

🌱 나만의 지속가능한 삶을 위한 계획을 적어보세요.

'지금까지의 나'부터 '앞으로의 나'까지
어쩌다 환경인으로 성장한 나를 상상하며 소개글을 써 보세요.

255